www.ingramcontent.com/pod-product-compliance
Lightning Source LLC
Chambersburg PA
CBHW060335050426
42449CB00011B/2760
9781733108300

Niels Bohr

Atomphysik und menschliche Erkenntnis, Band I

نیلس بور

فیزیک اتمی و شناخت بشری

(جلد اوّل)

نوشته‌ها و گفتارها از سال‌های ۱۹۳۳ تا ۱۹۵۵، فریدریش فی‌وگ و پسر/ براونشوایگ/ ۱۹۵۸

Najafizadeh.org

A Series in Philosophy and History of Science in Persian

San Francisco, USA, 2017

سلسله کتاب‌هایی در «تاریخ و فلسفهٔ علم»

Najafizadeh.org Series in Philosophy and History of Science in Persian

3. Niels Bohr: Atomphysik und Menschliche Erkenntnis, Band II
7. Niels Bohr: Atomphysik und menschliche Erkenntnis (mit einem Vorwort zur Neuausgabe von Karl von Meyenn)
9. Niels Bohr: Atomphysik und menschliche Erkenntnis, Band I

The series editor would like to thank **Nicholas S. Thompson**, Professor Emeritus of Clark University, In Worcester, MA, USA, **Professor Petr Viscor** of Alexander Dubček University of Trenčín, Slovakia, for consultations during the development of this series.

Originaltitel:
Niels Bohr
Atomphysik und menschliche Erkenntnis, Band I, Friedrich Vieweg und Sohn, Braunschweig, 1958

Copyright © 2019, Najafizadeh.org
All rights reserved.

Najafizadeh.org, San Francisco, USA, 2017
ISBN-13: 978-1-7331083-0-0
ISBN-10: 1733108300

فهرست مطالب

پیشگفتار بر چاپ اوّل

کتاب حاضر، مجموعهٔ مقاله‌هایی است که در بیست‌وپنج سال گذشته به‌مناسبت‌های گوناگون نوشته شده، و دنبالهٔ بحث‌هایی است که به‌نام نظریّهٔ اتمی و تشریح طبیعت در سال ۱۹۳۱ در انتشارات ژول اشپرینگر در شهر برلین منتشر شده است. موضوع این بحث‌ها، درس معرفت‌شناختی است که از پیشرفت‌های اخیر فیزیک اتمی به‌دست آمده است، و موضع ما را در تحلیل و ترکیب در زمینه‌های متعدّد شناخت بشری روشن می‌کند. بحث‌های مجموعهٔ قبلی زمانی نوشته شده است که برپایی روش‌های ریاضی مکانیک کوانتومی بنیان مستحکمی بر توضیح بی‌ابهام پدیده‌های اتمی به‌وجود آورد و به‌منظور مشخّص‌کردن شرایط بر تشریحی روشن از تجربیّات در این چارچوب، مفهوم مکمّلیّت در آن زمان وضع شد. در این مجموعه همین نظر باتوجّه‌به صورت‌بندی منطقی و به امکان استفادهٔ وسیع‌تر از آن گسترش بیشتری می‌یابد. به‌این‌سبب تکرار زیاد برخی از مطالب طبیعتاً اجتناب‌ناپذیر بوده است. امّا امیدوارم تکرارها کمک کرده باشد تا روشن‌شدن تدریجی استدلال‌ها، و به‌خصوص وضع مجموعه‌ای دقیق از اصطلاحات را بنمایانم.

در پیشبرد نظرهای بررسی‌شده در این مجموعه، بحث‌های چندی با همکاران پیشین و کنونی مؤسّسهٔ فیزیک نظری در دانشگاه کپنهاگ بسیار ارزشمند بود. به‌این‌سبب در تدوین این مقالات، خود را ملزم می‌بینم به‌خصوص از *اسکار کلاین* و *لئون روزنفلد*، که هم‌اکنون در دانشگاه استکهلم و منچستر به تدریس اشتغال دارند، و همچنین از *استفان روزنتال* و *ائه پیترسن* از مؤسّسهٔ کپنهاگ، تشکّر کنم. همچنین می‌خواهم از همکاری مجدّانه خانم *سوفی هلمن* که ترجمهٔ این اثر را مهیّا کرده – به‌استثنای مقالهٔ اول که قبلاً به‌دست خانم *هرتا کوپفرمن* صورت گرفته بود – تشکّر کنم.

نیلس بور

کپنهاگ، تابستان ۱۹۵۷

مقدّمه

اهمیّت علم فیزیک برای فکر فلسفی عام تنها از سهم آن در پیشبرد شناخت فزایندهٔ ما از طبیعت، که ما خود جزئی از آنیم، نیست، بلکه بیشتر در این است که انگیزه‌ای است تا به بازبینی و پالایشی از ابزارهای کمکی فکری خود بپردازیم. مطالعهٔ ساختار اتمی مادّه در سدهٔ کنونی، محدودیّت کاربردی‌ای را که انتظار آن نمی‌رفت، از تصوّرات ما در فیزیک کلاسیک بر ما آشکار کرد و از این راه، بر خواست ما از توضیح علمی، که برگرفته از فلسفهٔ سنّتی بود، پرتوی تازه افکند. بررسی شرایط بر کاربرد بی‌ابهام از ساده‌ترین مفاهیم، که نظریّهٔ واحد پدیده‌های اتمی را الزامی کرد، به‌این‌سبب، از چارچوب علم فیزیک بسیار فراتر می‌رود.

پیشرفت فیزیک اتمی این نکتهٔ اساسی را به ما یاد داد که کشف کوانتوم کنش به فرایندهای اتمی خصلت یک کلّیّت را می‌دهد. در مقالات حاضر کوشش خواهیم کرد وجوه اساسی این وضع در فیزیک کوانتومی را نشان دهیم و درعین‌حال مشابهت‌هایی را ذکر کنیم که این وضع با نظر ما در دیگر زمینه‌های شناخت دارد، یعنی زمینه‌هایی که در خارج از حوزهٔ درک مکانیکی طبیعت است. در اینجا مسئلهٔ مشابهت‌های کم‌وبیش مبهم مطرح نیست، بلکه موضوع، یافتن شرایطی است که ذیل آنها کاربرد وسایل مفهومیِ بیان مطرح است. چنین ملاحظاتی نه‌تنها سبب آشناشدن ما با موقعیّت تازه‌ای می‌شود که در فیزیک به‌وجود آمده، بلکه می‌تواند، به‌دلیل خصلت نسبتاً سادهٔ مسائل اتمی، در مشخّص‌کردن شرایط لازم بر تشریح عینی در زمینه‌های وسیع‌تری به ما کمک کند.

هفت مقاله‌ای که دراینجا گردآمده، با یکدیگر ارتباط نزدیک دارد، هرچند ازنظر زمانی به سه دورهٔ مختلف ۱۹۲۳–۱۹۳۸ ، ۱۹۴۹، ۱۹۵۴–۱۹۵۷ تعلّق دارد. در سه مقالهٔ اوّل — که با آنچه در ویرایش پیشین انتشاریافته تطابق دارد — مسائل مربوط به زیست‌شناسی و مردم‌شناسی مطرح است، که به ویژگی‌های کلّیّتی که فرهنگ‌های بشری و ارگانیسم‌های

زنده از خود نشان می‌دهد، مربوط می‌شود. قطعاً سعی ما بر این نیست که دربارهٔ این مسائل به‌طور جامع بحث کنیم، بلکه می‌خواهیم روشن کنیم این مسائل چگونه رودرروی درس‌های عمومی فیزیک اتمی پدیدار می‌شود.

مقالهٔ چهارم به‌بحث دربارهٔ مسائل نظریهٔ شناخت می‌پردازد که فیزیک کوانتومی امروزه در میان فیزیک‌دانان برانگیخته است. باتوجّه‌به خصلت چنین موضوعی، ناگزیر از به‌کاربردن زبان ریاضی شدیم، ولی درک استدلال‌ها را می‌توان بدون نیاز به اطّلاعات تخصّصی دنبال کرد. تبادل‌نظرها به اینجا انجامید تا وجوه جدید مسئلهٔ مشاهده را روشن کنیم، و بر این امر استوار است که برهم‌کنش بین دستگاه‌های اندازه‌گیری و اشیای اتمی مورد اندازه‌گیری بخشی جدانشدنی از پدیده‌های کوانتومی است. به‌این‌دلیل است که اطّلاعات به‌دست‌آمده در شرایط تجربی مختلف، دیگر نمی‌تواند به‌طرز معمول یکجا جمع‌بندی شود و لزوم توجّه به شرایطی که تحت آن‌ها این تجربیّات به‌دست آمده است، مستقیماً به صورت‌های تشریح مکمّلی اشاره می‌کند.

مقالات آخر کتاب رابطهٔ نزدیکی با مقالات نخستین کتاب دارد، امّا امیدواریم اصطلاحات جدیدی که برای ارائهٔ وضعیّت فیزیک کوانتومی به‌کار رفته است، زمینهٔ دستیاب‌تری برای بحث در نظریّهٔ شناخت فراهم سازد. به‌هنگام استفاده از این اصطلاحات در حوزهٔ مسائل کلّی‌تر، به‌خصوص بر لزوم کاربرد بی‌ابهام مفاهیمی که در توصیف تجربیّات به‌کار برده‌ایم، پافشاری کرده‌ایم. این نکتهٔ مهمّ را در این بحث خاطرنشان می‌کنیم که در اکثر قریب‌به‌اتّفاق حوزه‌های علمی، برای تشریح عینی و جمع‌بندی متوازن، توجّه خاصّ به شرایط مشاهده ضروری است.

نور و حیات

سخنرانی در جلسهٔ افتتاحیّهٔ «همایش جهانی نوردرمانی» در کپنهاگ، اوت ۱۹۳۲

من، فیزیک‌دانی که مطالعاتم محدود به تحقیق دربارهٔ خواصّ اجسام بی‌جان می‌شود، قبول دعوت دوستانه برای حضور در این جمع را، که در آن دانشمندان به‌منظورِ پیشبرد شناخت ما درارتباط با اثر شفادهندهٔ نور در درمان بیماری‌ها گردهم آمده‌اند، بی‌دغدغهٔ خاطر نپذیرفتم. بی‌آنکه بتوانم به شما دراین رشتهٔ علمی بسیار پراهمّیّت برای رفاه بشر، کمک کنم، نهایتاً می‌توانم چند نکته در مورد پدیده‌های نوری مطلقاً فیزیکی را خاطرنشان کنم که توجّه خاصّ فیزیک‌دان‌ها را طیّ اعصار به‌خود جلب کرده است؛ آن هم به‌این‌دلیل که نور ابزار اساسی مشاهده است. به‌همین‌سبب تصوّر کردم شاید بهتر باشد در این فرصت به بررسی مسئلهٔ میزان تأثیر نتایج حاصله در قلمرو محدود فیزیک بر دیدگاه‌هایی که ما از موقعیّت موجودات زنده در چارچوب کلّی علوم طبیعی داریم، بپردازم. باوجود خصلت برآوردنشدنی اسرار حیات، چنین سؤالی در هریک از مراحل توسعهٔ علم مطرح است، زیرا هر توضیح علمی ذاتاً بر این است که مجموعه‌ای از واقعیّات پیچیده را به مجموعهٔ ساده‌تر دیگری تقلیل دهد. امروز این مسئلهٔ قدیمی اهمّیّت تازه‌ای یافته است، زیرا گسترش اخیر نظریّهٔ اتمی این دلیل دور از انتظار را ارائه داد که تشریح مکانیکی طبیعت محدودیّتی ذاتی دارد. این گسترش از مطالعهٔ دقیق برهم‌کنش بین نور و اجسام مادّی، که خصوصیّاتی متفاوت با برخی از توقّعات ما به‌دست می‌دهد و تاکنون در تشریح فیزیکی، قطعی تلقّی می‌شده، حاصل شد. در اینجا کوشش می‌کنم این مطلب را نشان دهم که مساعی فیزیک‌دان‌ها به‌منظور چیره‌شدن بر این اوضاع بی‌شباهت به اتّخاذ موضع کم‌وبیش شهودی زیست‌شناسان در برابر جنبه‌های حیات نیست. از هم‌اکنون این نکته را خاطرنشان می‌کنم که فقط به‌دلیل این ملاحظهٔ صوری است که نور، که شاید ساده‌ترین پدیدهٔ فیزیکی باشد، شباهتی با حیات از خود نشان می‌دهد که تحلیلش از چارچوب امکانات تحلیل علمی فراتر می‌رود.

از دیدگاه فیزیک می‌توان پدیدهٔ نور را، انتقال انرژی بین اجسام مادّی مجزّا از یکدیگر در فضا تعریف کرد. چنان‌که می‌دانیم توضیح این مطلب را می‌توان در نظریّهٔ الکترومغناطیس یافت که همان بسط منطقی مکانیک کلاسیک است و بنابرآن، تضادّ میان اثرهای دور و نزدیک از میان می‌رود. طبق این نظریّه، نور به‌صورت نوسانات الکتریکی و مغناطیسی جفت‌شده تشریح می‌شود که با امواج الکترومغناطیس معمولیِ رادیویی، تنها به‌سبب بسامد بیشتر ارتعاش و طول موج کوتاه‌تر تفاوت دارد. به‌این‌سبب انتشارِ عملاً به خطّ مستقیم نور، که بر اساس آن تعیین موقعیّت اشیاء از راه مشاهدهٔ مستقیم یا با واسطهٔ ابزارهای نوری صورت می‌گیرد، کلّاً متّکی بر این واقعیّت است که طول موج‌های به‌کارگرفته‌شده در مقابل ابعاد اشیای موردنظر و دستگاه‌های اندازه‌گیری بسیار کوچک است. به‌این‌ترتیب، خصلت موجی انتشار نور نه‌تنها اساس توضیح پدیده‌های رنگ است، که در طیف‌نمایی، اطّلاعات مهمّی از ساختمان اجسام مادّی به‌دست داده است، بلکه در تحلیل دقیق‌تر دیگر پدیده‌های نوری نیز اهمیّتی اساسی دارد. به‌عنوان مثالی نوعی، مورد شکل‌های تداخلی را نام می‌برم، به هنگامی‌که نور صادره از منبع نورانی از دو مسیر مختلف به سطح پرده‌ای می‌رسد. در اینجا ملاحظه می‌کنیم که اثرهایی را که باریکهٔ نوری جداگانه می‌توانست برروی پرده داشته باشد، در سطح پرده در نقاطی تقویّت شده که در آنجا فاز دو دسته موج بر یکدیگر منطبق است، یعنی نوسانات الکتریکی و مغناطیسی دو باریکه یک جهت دارد، درحالی‌که همین اثرهای در نقاطی که نوسانات دارای جهت‌های مختلف است و شکل موج‌ها دارای فازهای متقابل است تضعیف می‌شود و یا حتّی می‌تواند ناپدید شود. این شکل‌های تداخلی، دلیلی آن‌چنان متقن از طبیعت موجی انتشار نور به ما می‌دهد، که دیگر نمی‌توان موجی بودن نور را چون فرضیّه‌ای متعارف تلقّی کرد، بلکه باید به آن چون توضیحی مناسب از پدیده‌های موردمشاهده نگریست.

امّا، همه می‌دانیم در سال‌های اخیر بحث در طبیعت نور، به‌دنبال کشف خصلت اتمی‌بودن ذاتی سازوکار انتقال انرژی، که از دیدگاه نظریّهٔ الکترومغناطیس کاملاً نامفهوم است، ازسرگرفته شده است. درحقیقت، هر انتقال انرژی از راه نور را به‌این‌ترتیب می‌توان در عمل به فرایندهای منفردی برگرداند که در هریک از آن‌ها یک به‌اصطلاح کوانتوم نور با انرژی اتمی برابر با حاصل‌ضرب بسامد نوسان‌های الکترومغناطیسی در کوانتوم عام کنش و یا ثابت پلانک، مبادله می‌شود. تناقض شدید بین اثر اتمی‌بودن نور و پیوستگی انتقال انرژی از دیدگاه نظریّهٔ الکترومغناطیس، ما را در برابر معضلی قرار می‌دهد که خصلت آن تاکنون ناشناخته مانده است. ازاین‌روی، علی‌رغم نارسایی آشکار تصوّر موجی انتشار نور به‌هیچ‌وجه صحبت از تصوّر دیگری، متّکی بر تصوّرات مکانیکی معمول نمی‌تواند باشد؛ به‌ویژه باید بر

این نکته تأکید داشت که وضع مفهوم کوانتوم نور به‌هیچ‌وجه به معنی بازگشت به نظریّهٔ قدیمی نیست، که در آن هریک از ذرّات مادّی حامل انرژی نوری، مسیر مشخّصی را می‌پیماید. همچنان‌که یک شکل تداخلی، با پوشاندن یکی از دو مسیر با جسمی غیرشفّاف، و با جلوگیری از یکی از دو باریکهٔ نوری، به منظور اطمینان از اینکه انرژی نوری تنها در طول یکی از مسیرها از منبع نور به صفحه منتهی می‌شود، ناپدید می‌شود، به‌همین‌ترتیب در تمامی پدیده‌های نوری که در آنها طبیعت موجی نور اهمیّتی اساسی دارد، تعیین مسیر کوانتوم‌های منفرد نوری بی‌آنکه پدیدهٔ موردمشاهده به‌کلّی مختلّ شود ممکن نیست. از اینجا نتیجه می‌شود که پیوستگی انتشار نور در زمان و مکان، و اتمی‌بودن اثرهای نور را باید جنبه‌های مکمّل یکدیگر دانست. مکمّل‌دانستن این دو از این جهت است که هریک بیانگر ویژگی‌هایی به یک اندازه مهمّ است، که هرچند ازنظر مکانیک ناسازگار با یکدیگر به‌نظر رسد، هرگز در تضادّ مستقیم بایکدیگر قرار نمی‌گیرد؛ زیرا تحلیل دقیق آنها به زبان مکانیک به آرایش‌های تجربی‌ای نیازمند است که بایکدیگر مانعةالجمع است. چنین وضعیّتی ما را ناگزیر به اعراض از توضیح کامل علّی پدیده‌های نوری، و بسنده‌کردن به قوانین احتمالات می‌کند، متّکی بر این واقعیّت که تشریح الکترومغناطیسی انتقال انرژی با نور در حالتی آماری معتبر است. به‌این‌ترتیب با کاربرد نوعیِ اصل تناظر سروکار داریم، که ما را تا حدود معیّنی مجاز به استفاده از تصوّرات مکانیکی و الکترومغناطیسی می‌کند، که تعمیمی از نظریّه‌های فیزیکی کلاسیک است، گرچه از دیدگاه این نظریّه‌ها کوانتوم کنش را باید عنصری غیرمنطقی دانست.

آنچه در بالا به آن اشاره شد، می‌تواند در اوّلین نگاه موقعیّتی بسیار نامطلوب به نظر رسد. امّا آنچه اینجا پیش آمده، چیزی نیست، جز تکرار آنچه بارها در تاریخ علم رخ داده است. در تاریخ علم، کشفیّات جدید بارها محدودیّت اساسی مفاهیمی را آشکار ساخته که تا آن زمان از اعتباری بی‌چون‌وچرا برخوردار بوده است. به‌این‌ترتیب پهنهٔ دید ما وسیع‌تر شد و توان بیشتری یافت تا پدیده‌هایی را که به‌نظر ناسازگار با یکدیگر می‌آمد، به هم مرتبط کند. محدودیّت مکانیک کلاسیک — که کوانتوم کنش نمایانگر آن است — کلید فهم پایداری اتم‌ها را، که تشریح مکانیکی پدیده‌های طبیعی اساساً متّکی بر آن است، به‌دست می‌دهد. یکی از ویژگی‌های اساسی نظریّهٔ اتمی همواره این بوده است که تقسیم‌ناپذیری اتم در مکانیک کلاسیک را نمی‌توان فهمید. توسعهٔ فیزیک، حتّی آنگاه که ذرّات الکتریکی بنیادی، یعنی الکترون‌ها و هستهٔ اتمی را — ذرّات متشکّلهٔ اتم‌ها و مولکول‌ها را — جایگزین اتم‌های تقسیم‌ناپذیر کرد، عملاً تغییری در این وضع ایجاد نکرد. در اینجا منظورم مسئلهٔ پایداری ذاتی ذرّات بنیادی نیست، بلکه ساختار اتمی تشکیل‌دهندهٔ آنهاست. اگر بخواهیم

مسئله را از دیدگاه مکانیک یا نظریّهٔ الکترومغناطیس بررسی کنیم، اساس محکمی نمی‌توانیم بیابیم که بر آن مبنا، خواصّ ویژهٔ عناصر و حتّی وجود اجسام صلب را – که همهٔ اندازه‌گیری‌های مورداستفاده برای مرتّب‌کردن پدیده‌ها در فضا و زمان نهایتاً بر آن قرار می‌گیرد – توجیه کنیم. با کشف کوانتوم کنش، به این شناخت دست یافتیم که به هر تغییری در میزان انرژی یک اتم و یک مولکول باید چون فرایند اوّلیّه‌ای نظر داشت که این اتم یا مولکول را از حالت مانا به حالت دیگری می‌برد. هنگامی که یکی از این مراحل با انتشار و یا جذب نور همراه است، درست یک کوانتوم نور پدیدار و یا ناپدید می‌شود؛ امری که به یاری مشاهدات طیف‌سنجی به ما اجازه می‌دهد تا مستقیماً انرژی این حالت مانا را اندازه‌گیری کنیم. اطّلاعاتی که از این طریق به‌دست آمده، با بررسی انتقال انرژی در هنگام وقوع برخورد اتم‌ها و یا واکنش‌های شیمیایی، به آموزنده‌ترین وجه تأیید می‌شود. نظریّهٔ اتمی در سال‌های اخیر گسترش بسیار زیادی پیدا کرده و امروزه روش‌های آن‌چنان دقیقی، چه برای محاسبهٔ میزان انرژی حالت مانای اتم و چه برای برآورد احتمال حدوث فرایند انتقال، دراختیار داریم که توضیح ما از خواصّ اتم به‌کمک اصل تناظر در هیچ چیز، نه در جامعیّت و نه در انتظام منطقی‌اش، دست‌کمی از توضیح واقعیّات نجومی با مکانیک نیوتونی ندارد. اگرچه بررسی دقیق مسائل مکانیک اتمی تنها با وضع نمادهای جدید کمکی میسّر شده، درس کلّی‌ای که با تحلیل ساده‌ترین پدیده‌های نوری به‌دست آورده‌ایم، همواره تعیین‌کنندهٔ موضع ما در این مسیر بوده است. به‌این‌سبب است که بین کاربرد روشن حالات مانا و تحلیل مکانیکی حرکات ذرّات درون اتمی، همان رابطهٔ مکمّلی وجود دارد که بین نظریّهٔ کوانتایی نور و نظریّهٔ تابش الکترومغناطیسی هست؛ به‌این‌ترتیب، هر کوششی، به‌منظور تعقیب مسیر فرایند انتقال در تمامی جزئیّاتش، مبادلهٔ مهارنشدنی انرژی بین اتم و ابزار اندازه‌گیری را موجب می‌شود که به‌کلّی کار تحلیل انتقال انرژی را مختلّ می‌کند. تشریح علّی، به‌مفهوم کلاسیک آن، تنها درصورتی ممکن است که اثر مذکور در برابر کوانتوم کنش بزرگ‌تر باشد و نتیجتاً پدیده‌ها را بتوان به پدیده‌های کوچک‌تری تقسیم کرد، بی‌آنکه چندان اختلالی رخ دهد. امّا هنگامی‌که چنین شرطی محقّق نیست، نمی‌توان از برهم‌کنش ابزار اندازه‌گیری با شیء مورد بررسی چشم‌پوشی کرد، و درنتیجه اندازه‌گیری‌های مختلفی که برای تشریح مکانیکی پدیده‌ها ضروری است، تنها از راه آرایش‌های تجربی مانعةالجمع می‌تواند به‌دست آید. به‌منظور درک بهتر این محدودیّت تحلیل مکانیکی پدیده‌های اتمی، لازم به یادآوری است که برهم‌کنش میان ابزار اندازه‌گیری و شیء مورد اندازه‌گیری را هرگز نمی‌توان مستقیماً از راه اندازه‌گیری فیزیکی به‌حساب آورد، زیرا ابزارهای اندازه‌گیری خود وسیلهٔ مشاهده است و نمی‌تواند در مشاهده

ملحوظ شود. چنان‌که مفهوم نسبیّت عام وابستگی ذاتی هر پدیده‌ای را به چارچوب مرجع مورداستفادهٔ مختصّاتی آن در زمان و مکان بیان می‌کند، به‌همین نحو مفهوم مکمّلی نیز نمادی است برای محدودیّت بنیادی ما در فیزیک اتمی از وجود پدیده‌هایی مستقلّ از ابزار مشاهده.

تجدیدنظر در اصول مکانیک، که تا جایی پیش می‌رود که حتّی به مفهوم تشریح فیزیکی تردید می‌کند، نه تنها در روشن‌کردن وضع نظریّهٔ اتمی اهمیّتی قطعی داشته است، بلکه زمینهٔ جدید دیگری به‌منظور بحث در مسائل زیست‌شناختی از دیدگاه فیزیک گشوده است. این امر به‌هیچ‌وجه به این معنی نیست که ما در پدیده‌های اتمی ویژگی‌هایی را می‌یابیم که با خصوصیّات موجودات زنده مشابهت دارد. در اوّلین نگاه، به‌نظر می‌رسد خصلت اساساً آماری مکانیک اتمی به‌دشواری بتواند با سازمانی با ظرافتی اعجاب‌انگیز که ما در موجودات زنده سراغ داریم، و در آنها تمامی ویژگی‌های نوعی یک تیره ازپیش در درون تخمی بی‌نهایت کوچک محفوظ است، سازگار باشد. امّا نباید فراموش کنیم که قوانین ویژهٔ فرایندهای اتمی، که با تشریح علّی مکانیکی ناسازگار است و تنها با تشریح مکمّلی فهمیدنی است، دست‌کم به‌همان میزان برای درک سازوکار حیات لازم است که برای توضیح خواصّ اجسام غیرآلی. مثلاً در جذب کربن در گیاهان، که تغذیهٔ حیوانات وسیعاً به آن بستگی دارد، با پدیده‌ای سروکار داریم که فهمش بدون قبول فردیّت فرایندهای فوتوشیمیایی ممکن نیست. همچنین پایداری غیرمکانیکی ساختارهای اتمی، اهمیّتی آشکار در خواصّ مشخّصهٔ ترکیب‌های آن‌چنان پیچیده‌ای مانند کلروفیل یا هموگلوبین – که اهمیّت بسیار زیادی در جذب موادّغذایی در گیاهان و تنفّس در حیوانات دارد – ایفا می‌کند. امّا قیاس‌هایی با تجربیّات در حوزهٔ شیمیایی معمول، مانند مقایسهٔ دیرین حیات با آتش، و یا با مدل‌های مکانیکی چون ساعت، هیچ‌یک نمی‌تواند به درکی پسندیده از ارگانیسم‌های زنده بینجامد. توضیح مشخّصه‌های ذاتی موجودات زنده را تنها در سازمان خاصّ آنها باید جستجو کرد؛ در سازمانی که در آن ویژگی‌هایی که می‌توان با مکانیک معمولی تحلیل کرد آن‌چنان هم‌کلاف با ویژگی‌های اتمیستی نوعی است، که ذرّه‌هایی از آن نمونه را در جهان غیرآلی نمی‌توان یافت.

مطالعهٔ ساختار و طرز کار چشم، اطّلاعات ارزنده‌ای دربارهٔ ساختار این سازمان دقیق ارائه داد. سادگی پدیدهٔ نور در اینجا نیز کمک ارزشمندی به‌کار ما می‌کند. بحث دربارهٔ جزئیّات در برابر این جمع لزومی ندارد. دراینجا می‌خواهم تنها یادآوری کنم که چگونه چشم‌پزشکی ویژگی‌های چشم را چون ابزار بینایی، برای ما روشن کرد. اندازهٔ اشکالی که از اثرهای تداخل به‌دلیل خصلت موجی نور به تشکیل تصاویر در چشم، حدودی را تحمیل می‌کند،

در چشم دارای ابعادی است که با بزرگی ابعاد میدان شبکیّه - که خود دارای ارتباطات عصبی ویژه با مغز است - تقریباً یکی است. به‌علاوه، ازآنجاکه جذب چند کوانتوم نوری یا شاید حتّی یک کوانتوم نور در اجزای شبکیّه، برای ایجاد تأثیر بصری کافی است، می‌توانیم بپذیریم که حسّاسیّت چشم به‌حدّ مطلقی دست یافته، که خصلت اتمی پدیده‌های نوری تعیین‌کنندهٔ آن است. باتوجّه به این دو خاصیّت، چشم هم‌تراز با تلسکوپ و یا میکروسکوپ خوبی است که به‌دستگاه تقویّت‌کننده‌ای مجهّز است که می‌تواند فرایندهای فوتونی منفرد را ثبت کند. اگرچه این‌گونه ابزارها امکان مشاهده را افزایش می‌دهد، حقیقت این است که تصوّر دستگاه‌های نوری مؤثّرتر از چشم، به‌دلیل محدودیّت‌هایی که خواصّ بنیادی پدیده‌های نوری اعمال می‌کند، میسّر نیست. ظرافت آرمانی چشم، که تنها توسعهٔ اخیر فیزیک امکان شناخت آن در تمامیّتش را به ما داد، ما را به این فکر می‌کشاند که اعضای دیگر بدن هم، که وظیفهٔ دریافت تأثیرات حسّی و یا واکنش‌های ارگانیسم در پی این تأثیرات را دارد، باید مانند چشم، وضع مشابهی ازنظر تطابق ساختاری با اهداف خود داشته باشد؛ و خصلت فردیّت که کوانتوم کنش نمایانگر آن است، با سازوکار تقویّت‌کنندهٔ مناسبی در همه‌جا باید اهمیّتی قطعی داشته باشد. اگر تاکنون امکان کشف چنین محدودیّتی برای دیگر اعضای بدن میسّر نشده، چنان‌که گفتیم، ازآن‌رو است که پدیده‌های نوری در مقایسه با دیگر پدیده‌ها خصلتی بسیار ساده دارد.

باوجوداین، قبول اهمّیّت ویژگی‌های ذاتاً اتمیستی در کارکرد ارگانیسم‌های زنده، نمی‌تواند در تشریع جامع پدیده‌های زیستی کافی باشد. نکتهٔ اساسی این سؤال است که آیا برای فهم حیات، با تکیه بر تجارب فیزیک در تحلیل پدیده‌های طبیعی، دیدگاه‌های اساسی دیگری را کم نداریم؟ صرف‌نظر از غنای عملاً بی‌کران پدیده‌های زیستی، به‌نظر می‌رسد پاسخ به‌چنین سؤالی، بدون تعمیق مسئلهٔ طبیعت توضیح فیزیکی - که به مراتب بنیانی‌تر ازآن است که کشف کوانتوم کنش ما را به آن مجبور کرد - میسّر نباشد. ازیک‌طرف ویژگی‌های اعجاب‌انگیزی، که تحقیقات فیزیولوژیک پیوسته برایمان روشن می‌کند، و آشکارا با آنچه از طبیعت بی‌جان می‌دانیم تفاوت دارد، برخی از زیست‌شناسان را بر آن داشت تا به امکان درک واقعی جنبه‌های اساسی حیات بر اساس فیزیک محض تردیدکنند، امّا ازطرف دیگر این دیدگاه را (که غالباً حیات‌گرا می‌نامیم) دیگر چندان نمی‌توان بدون ابهام با همان فرضیهٔ قدیمی بیان کرد که می‌پندارد بر هر حیات آلی نیرویی حیاتی غالب است که در فیزیک ناشناخته است. همگی ما، موافق با *نیوتون*، براین نظریم که علم بر این اساس استوار است که طبیعت در شرایط یکسان از قوانین یکسان اطاعت می‌کند. نتیجتاً اگر می‌توانستیم تحلیل سازوکار ارگانیسم‌های زنده را به‌حدّ تحلیل پدیده‌های اتمی

بهپیش بریم، دیگر نمیبایستی این انتظار را داشته باشیم که خود را در مقابل رفتاری خارج از رفتار موادّ غیرآلی بیابیم. امّا در برابر این معضل باید به این واقعیّت اندیشید که شرایط تحقیق در زیستشناسی و فیزیک مستقیماً بایکدیگر مقایسهشدنی نیست، زیرا لزوم حفظ حیات در موجود مورد مطالعه، خود، محدودیّتهایی را به تحقیق در زیستشناسی اعمال میکند که مانندی در فیزیک برای آن یافت نمیشود. مثلاً اگر بخواهیم مطالعه از اعضای یک حیوان را تا سرحدّ تعیین کار اتمهای فردی در وظایف حیاتی حیوان پیش ببریم، بیتردید باید آن حیوان را بکشیم. از اینجا نتیجه میشود که هر تجربهای برروی موجودات زنده، با عدمقطعیّتی ازنظر شرایطی که موجود زنده تحت آنها بررسی میشود، همراه است. این امر ما را به این فکر وامیدارد که آزادی اندکی که ناگزیر به موجودات زنده میدهیم، همانقدر کافی است تا آنها بتوانند اسرار نهایی خود را از ما پوشیده دارند. از این دیدگاه، بهوجود حیات باید چون واقعیّتی بنیادی نظر داشت که برای آن هیچگونه دلیلی نمیتوان ارائه داد، و باید به آن چون نقطهٔ آغازین در زیستشناسی نظر داشت، مانند وجود کوانتوم کنش، این عنصر غیرمنطقی ازنظر مکانیک کلاسیک، که بههمراه دیگر ذرّات بنیادی، اساس فیزیک اتمی را تشکیل میدهد. درحقیقت، تحلیلپذیر نبودن پایداری اتمی با تعبیرات مکانیکی، مشابهتی نزدیک با ممکننبودن تشریح فیزیکی یا شیمیایی از کارکردهای ویژهای دارد که مشخّصهٔ حیات است.

در ادامهٔ چنین قیاسی، نباید فراموش کنیم که مسائل در فیزیک و در زیستشناسی ذاتاً جنبههای متفاوتی دارد. مثلاً در فیزیک اتمی توجّه ما بیشتر به خواصّ مادّه در سادهترین صورت خود است، درحالیکه در نظامهای مادّی، که در زیستشناسی با آنها سروکار داریم، نظرمان بیشتر متوجّه ساخت پیچیدهٔ آنهاست، زیرا ارگانیسمها ‒ حتّی ابتداییترین آنها ‒ از تعداد زیادی اتم تشکیل میشود. اگرچه درست است که مکانیک کلاسیک را میتوان در حوزهٔ وسیعی بهکار برد که حتّی شامل ابزارهای اندازهگیری در فیزیک اتمی شود، این امر بهدرستی متّکی بر این امکان است که در تشریح اجسام متشکّل از اتمهای بسیار، میتوان از کوانتوم کنش مربوط به خاصیّت مکمّلی صرفنظر کرد، امّا آنچه خاص تحقیق در زیستشناسی است، این است که شرایط خارجی را، که هریک از اتمهای مجزّا دربند آن است، هرگز نمیتوان در حدّی که در تجارب بنیادی فیزیک اتمی ممکن است، مهار کرد؛ و دراینمورد حتّی نمیتوانیم واقعاً تعلّق یک اتم خاصّ به ارگانیسم زنده را تعیین کنیم، زیرا هر کارکرد حیاتی با سوختوسازی همراه است که از راه آن، اتمها بهطور پیوسته به سازمان تشکیلدهندهٔ نوع زنده جذب، یا از آن دفع میشود. از این تفاوت اساسی بین تحقیقات فیزیکی و زیستشناختی چنین نتیجه میشود که تعیین حدّ دقیق اعمالپذیری

مفاهیم فیزیکی به پدیده‌های حیاتی، که متناظر با تمیز میان حوزهٔ تشریح علّی مکانیکی و پدیده‌های کوانتومی در مکانیک اتمی است، ممکن نیست. این محدودیّت ظاهری در مشابهتی که در بالا به آن اشاره شد از تعریف دقیق کلمات حیات و مکانیک نشأت می‌گیرد، زیرا معنای آن‌ها در نهایت موضوعی قراردادی است. مثلاً ازیک‌سو اگر مفهوم حیات را به همهٔ پدیده‌های طبیعی اطلاق می‌کردیم محدودیّت مفاهیم فیزیکی در زیست‌شناسی – به‌جای فرق بین ارگانیسم‌های زنده و اجسام غیرزنده – معنی خود را ازدست می‌دهد. امّا ازسوی دیگر اگر بخواهیم مطابق زبان روزمرّه، کلمهٔ مکانیک را برای تشریح علّی بی‌ابهام پدیده‌های طبیعی نگاه داریم، اصطلاحی چون مکانیک اتمی بی‌معنی می‌شود. در اینجا منظورم ورود بیشتر به مسائل جَدَلی محض نیست، بلکه منظورم افزودن این نکته است که هستهٔ اصلی چنین مشابهتی همان رابطهٔ انحصاری آشکاری است که ازطرفی میان تقسیم به جزء – که در هر تحلیل فیزیکی ضروری است – و پدیده‌های خصلتاً زیست‌شناختی مانند تکثیر و بقاء موجودات زنده ازطرف دیگر موجود است. چنین وضعی همچنین مفهوم هدفمندی را با خود همراه می‌آورد، گرچه در تحلیل‌های مکانیکی جایی برای آن نیست، امّا در مسائلی که در آن‌ها نشانه‌های حیات باید ملحوظ گردد، کموبیش جایی برای استفاده می‌یابد. از این نظر، اهمیّت دلایل غایت‌گرا در زیست‌شناسی یادآور کوشش‌هایی است که با تکیه بر اصل تناظر، قصد منظورکردن کوانتوم کنش در فیزیک اتمی را به‌شیوه‌ای منطقی دارد.

البتّه به هنگام طرح مسئلهٔ اعمال‌پذیری مفاهیم فیزیکی محض بر ارگانیسم‌های زنده، حیات را درست مانند سایر پدیده‌های دنیای مادّی درنظر گرفته‌ایم. امّا لازم به تأکید نیست که چنین دیدگاهی که از ویژگی‌های تحقیق در زیست‌شناسی است، به‌هیچ‌وجه جنبهٔ فیزیولوژیکی حیات را ازنظر دور نمی‌دارد، بلکه به‌عکس، به‌نظر می‌رسد که قبول محدودیّت مفاهیم مکانیکی در فیزیک اتمی، به ما در آشتی‌دادن دیدگاه‌های به‌ظاهر متناقض فیزیولوژی و روان‌شناسی یاری می‌رساند. لزوم توجّه به برهم‌کنشی میان ابزار اندازه‌گیری و شیء مورد اندازه‌گیری در مکانیک اتمی یادآور دشواری‌هایی است که در تحلیل‌های روان‌شناختی به آن‌ها برمی‌خوریم و همگی از این واقعیّت ناشی می‌شود که محتوای آگاهی، به‌محض آنکه توجّه خود را بر یکی از عناصرش متمرکز می‌کنیم، حتماً تغییر می‌کند. برای اینکه زیاد از موضوع دور نشویم، موضوع مقایسه را، که باتوجّه به خصلت ویژهٔ مسائل زیست‌شناسی، نقطهٔ شروع تازه‌ای در توضیح آیین توازی روان‌تنی ارائه می‌دهد، گسترش بیشتری نمی‌دهیم. در اینجا مایلم صراحتاً تأکید کنم ملاحظاتی که به آن‌ها اشاره شد، تماماً با هر کوششی که در جست‌وجوی امکانات جدیدی برای تأثیر ذهنی بر رفتار مادّه در

تشریح آماری پدیده‌های اتمی باشد، متضادّ است. به‌عنوان مثال اگر کسی چنین گمان کند که اراده میدان عمل خود را در تنظیم پدیده‌های اتمی – پدیده‌هایی که نظریّهٔ اتمی برای آنها تنها قوانین آماری را می‌تواند وضع کند – می‌یابد، دراین‌صورت چنین نظری با تحلیلی که از آیین توازی روان‌تنی داریم، متناقض است؛ زیرا به گمان ما به احساس آزادی چون ویژگی‌ای از حیات آگاه باید توجّه داشت، که تنها هم‌تراز مادّی‌اش را در وظایف ارگانیکی می‌توان یافت، که نه امکان تشریح علّی را می‌دهد، نه امکان تجربهٔ فیزیکی برروی خود را تا بتوان قوانین آماری مکانیک را به‌طرز صحیحی بر آن‌ها اعمال کرد. بی‌آنکه در دام تأمّلات نظری مابعدالطبیعی بیفتیم، اجازه می‌خواهم بگویم که هر تحلیلی از مفهوم مهمّ «توضیح»، باید بنا به طبیعت این مفهوم، با نوعی تسلیم شروع شود و خاتمه یابد: تسلیم از بابت درک ما از فعّالیّت فکری خاصّ خودمان.

درخاتمه نیازی به تأکید نیست که در هیچ‌یک از اشاراتم قصد بیان نوعی شک‌گرایی دربارهٔ امکاناتی را که گسترش علوم فیزیکی و زیستی در آینده ارائه خواهد داد، نداشتم. در حقیقت توسّل به شک‌گرایی، به دور از روحیّهٔ یک فیزیک‌دان در عصری است که شناخت مفاهیم اساسی، گسترشی چندگانه و عمیق را در علم موجب شده است. به‌همین‌منوال، چشم‌پوشی لازم از توضیح خود حیات، هرگز مانعی درجهت پیشرفت شکوهمند علم درتمامی شاخه‌های زیست‌شناسی نبوده، که ثمربخشی آنها به‌خصوص در پزشکی آشکار است. اگرچه امکان تعیین حدّ دقیق بین سلامت و بیماری بر مبنای فیزیک ممکن نیست، برای یافتن راه‌حلّی بر مسائل مهمّی که در این همایش مطرح است، به‌شرط پیروی از تعلیمات فینزن، که تاکنون قرین به پیروزی بوده است و مشخّصهٔ آن‌ها ارتباط نزدیک میان تحقیق در اثرهای شفادهندهٔ نور و مطالعهٔ اساسی فیزیکی آنها بوده است، جایی بر شک‌گرایی به‌جا نمی‌ماند.

زیست‌شناسی و فیزیک اتمی

سخنرانی در «همایش فیزیک و زیست‌شناسی»، به یادبود گالوانی، اکتبر، بولونی ۱۹۳۷

اثر ماندگار *گالوانی*، که سرآغاز عصر جدیدی در تاریخ تمامی علوم است، نمونهٔ بسیار روشنی از ثمربخشی ایجاد ارتباط بین اکتشاف قوانین طبیعت بی‌جان و مطالعهٔ خواصّ ارگانیسم‌های زنده را نشان می‌دهد. ازاین‌روی شاید بجا باشد تا در این فرصت نظر دانشمندان را دربارهٔ مسئلهٔ رابطهٔ میان فیزیک و زیست‌شناسی در سده‌های گذشته مرور کنیم و به‌خصوص به بحث دربارهٔ دورنماهایی بپردازیم، که به‌دنبال گسترش چشم‌گیر نظریّه اتمی در سال‌های اخیر، پدیدار شده است.

توجّه دانشمندان، در کوشش‌های خود به‌منظور دستیابی به دیدی جامع از پدیده‌های طبیعی، باوجود کثرت بی‌شمار آن‌ها، از بدو شروع علم بر نظریّهٔ اتمی متمرکز بوده است. *دموکریت* با درک شهودی عمیقی که داشت بر لزوم تصوّر اتمی مادّه در بررسی خواصّ عادّی مادّه تأکید می‌ورزید؛ و دراین‌خصوص، همچنان‌که می‌دانیم، می‌کوشید فکر اتمی‌بودن مادّه را درجهت توضیح ویژگی‌های حیات آلی و حتّی روان‌شناسی انسان به‌کار گیرد. باتوجّه‌به خصلت توهّمی این مادّی‌گرایی افراطی، طبیعی بود که *ارسطو*، استاد علومِ زمان خود — در فیزیک و زیست‌شناسی — نظریّهٔ اتمی را کاملاً مردود بداند و کوشش به استقرار چارچوبی نسبتاً وسیع، به‌منظور فهم کثرت پدیده‌های طبیعی، براساس مفاهیم غایت شناختی بنماید. امّا کشف تدریجی قوانین اوّلیّهٔ طبیعت، که بتواند به توضیح اجسام بی‌جان و هم ارگانیسم‌های زنده بپردازد، مبالغه‌آمیز بودن تعلیمات ارسطو را روشن کرد.

وقتی چگونگی وضع اصول مکانیک را به‌خاطر می‌آوریم، اصولی که پایه‌های اوّلیّهٔ فیزیک را باید تشکیل می‌داد، ذکر کشف *ارشمیدس* هم بی‌مناسبت نیست. کشف *ارشمیدس* در اصول تعادل اجسام شناور، که بنابر روایتی مشهور به وقت استحمام، احساس سبک‌شدن و به‌سمت بالا کشیده شدن در خزینه، آن را به وی القا کرده بود، حتّی با استفاده از تجربهٔ معمولی کاهش وزن سنگ در آب نیز ممکن بود صورت بگیرد. و به‌همین‌منوال، حتّی می‌توان این امر را که *گالیله*، نه با ملاحظهٔ حرکات کودکان به‌هنگام بازی با تاب، بلکه با مشاهدهٔ حرکت نوسانی چهل چراغی در کلیسای زیبای پیزا، موفّق به کشف قوانین اساسی دینامیک شده باشد، تصادفی دانست. مسلّم است که چنین مشابهت‌های خارجی کم‌اهمّیّتی

نمی‌توانست یکپارچگی ذاتی‌ای را که بر پدیده‌های طبیعی حاکم بود، به ما تفهیم کند، بلکه بیشتر آن مشابهت‌های عمیق بین موجودات زنده و ماشین‌ها بود – که تحقیقات گستردهٔ کالبدشناسی و فیزیولوژی در عصر نوزایی و به‌خصوص در ایتالیا برایمان آشکار کرده بود – که چنین فهمی را ممکن کرد.

موفّقیت‌های به‌دست آمده در رشته‌های مختلف علم، از کشف *کپرنیک* گرفته تا *هاروی*، که یکی به دید ما از جهان وسعت بیشتری داد و دیگری سازوکار گردش خون در حیوانات را برایمان روشن کرد، همگی شوروشوقی برانگیخت که بهترین تجلّی آن را در کار *بورلّی* می‌توان یافت، که در آن کار استخوان‌بندی و ماهیچه‌ها در حرکت حیوانات به‌دقّت تشریح شده است. کوشش‌های *بورلّی* و اخلافش، به‌منظور توضیح واکنش‌های عصبی و ترشحّات غدوی با گرته‌های مکانیکی ابتدایی، حتّی از اعتبار اثر مذکور، چون اثری کلاسیک، چیزی نکاست. فرضی بودن آشکار و بیهودگی این گرته‌ها سبب بروز یک رشته انتقادات عمومی‌شد که امروزه نیز با نام تمسخرآمیز «فیزیک‌دان‌های پزشک»، که به مکتب *بورلّی* اطلاق می‌شده، در اذهان باقی مانده است. همچنین در کوشش‌های دیگری – هرچند در بنیان صحیح – که قصد اعمال شناخت فزایندهٔ ما از تبدیلات به‌ویژه شیمیایی مادّه به فرایندهای فیزیولوژیک را داشت – و *سیلویوس* همگی آن‌ها را با ذوق‌وشوق فراوان ارائه داده است – بازهم این ناپختگی به چشم می‌خورد. ازآنجاکه همگی این کوشش‌های شتاب‌زده به مشابهت‌های سطحی بین فرایند هضم و یا تخمیر با ساده‌ترین واکنش‌های شیمیایی غیرآلی توجّه داشت و اهمّیّتی بیش از حدّ برای آن قایل بود، به‌طوری‌که حتّی کاربرد عجولانهٔ آن‌ها در پزشکی را نیز پیشنهاد می‌کرد، مخالفتی به‌وجود آورد که نشانهٔ بارزِ آن اطلاقِ نام «شیمی–پزشکی» به این تلاش‌های ناپخته بود.

برای ما دلیل شکست کوشش‌های این پیشگامان، در توضیح جامع خواصّ ارگانیسم‌های زنده با استفاده از قوانین فیزیک و شیمی روشن است: لازم بود بدواً نه‌تنها انتظار عصر *لاووازیه* را بکشیم تا کشف اصول اوّلیّهٔ شیمی کلید فهم پدیدهٔ تنفس را به‌دست دهد و بعد گسترش فوق‌العادهٔ آنچه را که شیمی آلی می‌نامیم بنیان نهد، بلکه تا پیش‌از کشف *گالوانی* هنوز قوانین اساسی فیزیک پوشیده بود. در این زمینه شایان ذکر است که تحقیق در زیست‌شناسی بنایی را پایه نهاد که بعدها به‌دست *ولتا*، *اورستد*، *فارادی*، و *ماکسول* به آن چنان بنایی تبدیل شد که ازنظر اهمّیّت با مکانیک *نیوتونی* رقابت می‌کرد. مشکل بتوان تصوّر کرد که گسترش تجارب ساده برروی اجسام دارای بارِ الکتریکی به‌دست *فرانکلین* – هرچند ثمربخش – بدون وجود ابزارهای اندازه‌گیری، که در طبیعت در سلسله اعصاب

مرکزی حیوانات تکامل یافته موجود است، و بعدها به‌دست خود ما ساخته شد، خود به‌تنهایی می‌توانست تا سرحدّ مطالعهٔ جریان‌های *گالوانی* پیش رود.

ذکر گسترش فوق‌العادّه فیزیک و شیمی — حتّی به‌اختصار - از زمان *گالوانی* تاکنون یا کشفیّاتی که در تمامی شاخه‌های زیست‌شناسی در جریان سدهٔ اخیر رخ داده است در اینجا امکان‌پذیر نیست. به‌این‌سبب تنها به یادآوری کار پیشگامانی چون *مالپی‌یی* و *اسپالا نزانی* در این دانشگاه پرافتخار بسنده می‌کنیم که به جنین‌شناسی و باکتری‌شناسی جدید انجامید، و به ذکر تحقیقات از *گالوانی* تا پژوهشگران برجستهٔ متأخّر در فیزیولوژی اعصاب. باوجود اینکه به‌تدریج به درکی عمیق از جنبه‌های فیزیکی–شیمیایی بسیاری از واکنش‌های خاصّ زیست‌شناسی رسیده‌ایم، ظرافت اعجاب‌برانگیز ساختمان ارگانیسم‌ها و غنای سازوکارهای تنظیمِ مرتبط با یکدیگر ، هنوز هم به‌حدّی از آنچه تجربه بر روی طبیعت بی‌جان به ما یاد داده است فراتر می‌رود که چشم‌انداز تشریح فیزیکی–شیمیایی حیات بیش از هروقت دیگر بعید به‌نظر می‌رسد. به‌راستی وقتی ما شاهد مجادلات علمی عمیقی چون کشفیّات اخیر درمورد اثرهای سمّ و خواصّ تکثیری برخی از ویروس‌ها هستیم، خود را دربرابر معضلی می‌یابیم که با همان حدّت و شدّت یادآور مجادلهٔ *دمکریت* و *ارسطو* است.

در چنین وضعیّتی، نظر ما دوباره به نظریّه اتمی باز می‌گردد — هرچند که این‌بار دربرابر زمینهٔ بسیار متفاوتی قرار داریم. از زمانی که *دالتون* با استفاده از مفاهیم اتمی‌بودن، قوانین کمّی حاکم بر ساختمان ترکیب‌های شیمیایی را با موفّقیّت توضیح داد، نظریّهٔ اتمی نه‌تنها ابزاری ضروری و راهنمایی خطاناپذیر در تمامی استدلال‌ها در شیمی گردید، بلکه با بهترشدن روش‌های تجربی در فیزیک، امکان مطالعهٔ پدیده‌هایی به‌وجود آمد که مستقیماً به کنش اتم‌های منفرد وابسته است. چنین گسترشی نه‌تنها آخرین بقایای پیش‌داوری‌ای را زدود که بنا بر آن، ارائه دلیلی بر وجود بالفعل اتم، به‌دلیل بی‌دقّتی دستگاه‌های حسّی، از راه تجربه هرگز امکان‌پذیر نیست، بلکه حتّی ویژگی‌های اتمی‌بودن در قوانین حاکم بر طبیعت را، بیش از آنچه آموزهٔ قدیمی تقسیم‌پذیری محدود مادّه ارائه داده بود، نشان داد. همه می‌دانیم که چارچوبی از مفاهیم، که برای بیان تجربیّات زندگی روزانه مناسب باشد، و برای تدوین کلّی نظام قوانین در تشریح رفتار اجسام ماکروسکوپی معتبر باشد، و سرانجام بنای رفیع فیزیک کلاسیک را بسازد، اگر بخواهد پدیده‌های کاملاً اتمی را در برگیرد، اساساً باید گسترش یابد. برای روشن‌کردنِ امکاناتی که این دورنمای تازه در فلسفهٔ طبیعی، در زمینهٔ تعیین چگونگی برخورد با مسائل اساسی زیست‌شناسی، ارائه می‌دهد، لازم است خطوط اساسی گسترشی را که به روشن‌شدن موقعیّت ما در فیزیک اتمی انجامیده است، به‌اختصار یادآوری کنیم. همچنان‌که می‌دانیم، سرآغاز فیزیک اتمی جدید تشخیص طبیعت

اتمی الکتریسته بود، که تحقیقات مشهور *فارادی* در الکترولیز *گالوانی* آن را نشان داد؛ و بعدازاین، کشف الکترون در پدیدهٔ تخلیهٔ الکتریکی در میان گازهای با غلظت کم بود، که در پایان قرن گذشته این مطلب را تأیید کرد. تحقیقات درخشان جی.جی. *تامسون*، گرچه اهمیّت اساسی الکترون در پدیده‌های فیزیکی و شیمیایی مختلف را روشن کرد، برای دستیابی به شناختی جامع از اجزای ساختمانی مادّه، باید در انتظار کشف *رادرفورد* از هستهٔ اتمی می‌ماندیم، که اثر بدیعش در تبدیلات خودبه‌خود پرتوزای برخی از عناصر سنگین، نشان داده شده است. برای اوّلین‌بار چنین کشفی توضیحی قطعی از تغییرناپذیری عناصر در واکنش‌های شیمیایی معمول، که در آن‌ها هسته‌های سنگین، امّا بسیار کوچک اتمی دست‌نخورده باقی می‌ماند، و تنها توزیع الکترون‌های سبک پیرامون آن تغییر می‌کند، همچنین امکان فهم پرتوزایی طبیعی را که در آن با انفجار هستهٔ اتمی سروکار داریم، ارائه داد. علاوه بر این، *رادرفورد* بعدها نشان داد که تبدیل عناصر از راه بمباران آن‌ها با ذرّات سنگین و با سرعت زیاد، که برخوردشان با هسته‌های اتمی موجب تلاشی آن‌ها می‌شود، امکان‌پذیر است.

برای آنکه دراین جلسه زیاد از موضوع دور نشویم، از وارد شدن در تحقیقات ثمربخشی که راه را برای مطالعهٔ تبدیلات هسته‌ای باز کرد، پرهیز می‌کنیم. تحقیقات مذکور، موضوع اصلی بحث ما با فیزیک‌دان‌ها در این همایش خواهد بود. مسئلهٔ اصلی در این بحث، درصورتی‌که بخواهیم مصالح تجربی به‌دست آمده در فیزیک و شیمی را به‌کمک گرتهٔ اتمی پیشنهادی *رادرفورد* درنظر بگیریم، بیان لزوم آشکار اعراض قطعی از نظریّات مکانیکی و الکترومغناطیسی کلاسیک است. باوجود هماهنگی در حرکات سیّارات که قوانین *کپلر* بیانگر و مکانیک *نیوتونی* واضع آن است، مشاهده می‌شود که گرتهٔ مکانیکی، مانند نظام خورشیدی، که به‌هنگام بروز اختلالی، مثلاً براثر یک ستارهٔ دنباله‌دار تمایل به برگشت به حالت اوّلیّه را ندارد، از پایداری‌ای برخوردار نیست که ویژهٔ عناصر تعیین‌کننده ترتیب وضعی الکترون‌ها در اتم است. پایداری ویژهٔ اتم‌ها، به‌خصوص هنگام تجزیهٔ طیفی آشکار می‌شود. تجزیهٔ طیفی، همچنان‌که می‌دانیم، نشان داده است که هر عنصری، طیف مخصوص به خود را داراست که مرکّب از خطوط بسیار ظریف است و به‌حدّی مستقلّ از شرایط خارجی است که می‌توان از راه مشاهدات طیف‌نمایی، ترکیب مادّی دورترین ستارگان را تعیین کرد.

کلید حلّ این معضل را پلانک با کشف کوانتوم کنش، که حاصل تعمّق در شاخهٔ دیگری از فیزیک است، به‌دست داد. چنان‌که می‌دانیم، تحلیل دقیق پلانک از خصلت تعادل حرارتی میان مادّه و تابش‌هایی که بنابر اصول عمومی ترمودینامیک باید کاملاً مستقلّ از هر

خاصّیتی از مادّه، و نتیجتاً مستقلّ از هر نظری دربارهٔ ترکیب اتم‌ها باشد، او را به این اکتشاف راهنمایی کرد. وجود کوانتوم کنشِ اوّلیّه در واقع نشان‌دهندهٔ خصلت کاملاً جدیدی از فردیّت فرایندهای فیزیکی است؛ خصلتی که با قوانین کلاسیک مکانیک و الکترومغناطیس کاملاً بیگانه است و اعتبار این قوانین را الزاماً به پدیده‌هایی محدود می‌کند که اثرهایشان به‌نسبت یک کوانتوم بسیار بزرگ‌تر باشد، آن‌چنان‌که ثابت پلانک مقدار آن را به‌دست می‌دهد. چنین شرطی اگرچه در تجارب معمول فیزیکی برقرار است، به‌هیچ‌وجه نمی‌تواند در توضیح رفتار الکترون‌ها در اتم معتبر باشد، و فقط وجود کوانتوم کنش است که مانع جوشش الکترون‌ها با هسته‌های اتمی و تبدیل آن‌ها به ذرّاتی خنثی با ابعادی بی‌نهایت کوچک می‌شود.

تشریح بستگی هریک از الکترون‌ها در میدان نیروی هسته، به شکل سلسله‌ای از فرایندهای منفرد که اتم را از یک حالت مانا به حالت دیگری انتقال می‌دهد، و اینکه چنین عملی با انتشار انرژی آزاد به شکل کوانتوم تابش الکترومغناطیسی صورت می‌گیرد، نتیجه‌ای بود که مستقیماً از وضعیّتی که در بالا از آن حرف زدیم، گرفتیم. چنین فهمی، که ارتباط نزدیک با توضیح موفّق *اینشتین* از اثر فوتوالکتریک داشت، و تحقیقات مهمّ *فرانک* و *هرتس* دربارهٔ تحریک خطوط طیفی با ضربه‌های الکترونی بر روی اتم، به‌درستی مؤید آن بود، نه‌تنها توضیحی آنی از غرابت خطوط طیفی به‌دست داد — که *بالمر*، *ریدبرگ* و *ریتس* راهگشای آن بودند — بلکه تدریجاً به کمک مطالعات طیف‌نمایی، طبقه‌بندی منظّم انواع بستگی‌های مانا در هر الکترونِ یک اتم را ممکن کرد و راه را برای توضیح جامع روابط مهمّ موجود در خواصّ فیزیکی و شیمیایی عناصر هموار کرد،که جدول مشهور تناوبی مندلیف بیانگر آن است. درحالی‌که چنین پیشرفتی ازطرفی گامی بزرگ به حساب می‌آمد که از رؤیای پیروان فیثاغورس که در آرمان باستانی خود می‌خواستند همهٔ قوانین طبیعی را به اعداد صرف تبدیل کنند، فراتر رفته بود، فرض فردیّت خاصّ به خود فرایندهای اتمی، ازطرفی دیگر، اعراض اصولی از روابط علّی بین رویدادهای فیزیکی را، که بنیان بی‌چون‌وچرای فسلفهٔ طبیعی در طیّ قرون و اعصار بود، ایجاب کرد.

مسئلهٔ بازگشت به‌نوعی تشریح سازگار با اصل علّیّت را، نه‌تنها تجارب قطعی متعدّد دراین زمینه، رد کرد، بلکه نشان داد که امکان سعی بر به‌وجودآوردن تشریحی که در آن، وجود کوانتوم کنش در نظریّهٔ اتمی به حساب بیاید، وجود دارد؛ تشریحی که اساساً متّکی بر مکانیک اتمی آماری است و ازنظر سازگاری و تمامیّت کاملاً با ساختار مکانیک کلاسیک قیاس‌شدنی است و تعمیمی منطقی از آن. تأسیس این به‌اصطلاح مکانیک کوانتومی جدید، که گسترش آن بیش از هرچیز ثمرهٔ تلاش‌های فیزیک‌دان‌های نسل جوان است، صرف‌نظر

از سودمندی فوق‌العادهٔ آن در تمامی زمینه‌های فیزیک اتمی و شیمی، اساس معرفت‌شناختی تحلیل و ترکیب پدیده‌های اتمی را نیز اساساً روشن کرد. تجدیدنظر در مسئلهٔ مشاهده، که *هایزنبرگ* با وضع اصل عدم‌قطعیّت آن را برای اوّلین‌بار مطرح کرد، به پیدایی پیش‌فرض‌هایی انجامید که تاکنون به آن‌ها توجّه نشده بود و به استفادهٔ روشن از حتّی ابتدایی‌ترین مفاهیمی منتهی شد که تشریح ما از پدیده‌های طبیعی متّکی برآن‌هاست. در اینجا نکتهٔ اساسی قبول این مطلب است که هر اقدامی، که قصد تحلیل «فردیّت» ناشی از وجود کوانتوم کنش در پدیده‌های اتمی را، با روش‌ها و مفاهیم فیزیک کلاسیک، داشته باشد، به شکست خواهد انجامید، زیرا برهم‌کنش حتمی بین اجسام اتمی و دستگاه‌های اندازه‌گیری، که ضروری بر انجام این کار است، مانع انجام آن خواهد شد.

یک نتیجهٔ مستقیم از چنین وضعیّتی این است که مشاهداتی که به‌کمک آرایش‌های تجربی مختلف بر روی اشیای اتمی، به‌منظور مطالعهٔ رفتار آن‌ها صورت می‌گیرد، نمی‌تواند به مصداق معمول در فیزیک کلاسیک با یکدیگر جمع شود؛ و به‌خصوص اینکه هر راه تصوّرشدنی‌ای که قصدش تعیین مختصّات فضا و زمان یک الکترون باشد، مبادله اصولاً مهارنشدنی از انرژی و تکان بین اتم و دستگاه‌های اندازه‌گیری را موجب می‌شود، که قانونمندی‌های خاصّ به خود پایداری اتم‌ها را، که کوانتوم کنش مسئول آن است، به‌کلّی برهم می‌ریزد. ازطرف‌دیگر، هر تحقیقی دربارهٔ چنین قوانینی، که نتایج آن اصل پایستگی انرژی و تکان است، خود اعراض از تعیین موقعیّت الکترون‌های فردی اتم در زمان و مکان را به ما تحمیل می‌کند. نتیجتاً به جنبه‌های مختلف پدیده‌های کوانتومی، که ذیل شرایط تجربی مانعةالجمع با یکدیگر پدیدار می‌شود، نباید چون نتایج ناسازگار با یکدیگر نظر داشت، بلکه باید آن‌ها را «مکمّل» یکدیگر به مفهوم جدید این واژه دانست. مفهوم مکمّلی به‌هیچ‌وجه به معنای انصراف خودسرانه از تحلیل جامع پدیده‌های اتمی نیست، بلکه به‌عکس، بیان تلفیق منطقی ازمجموع تمامی تجربیّات انباشته‌شده بر روی یکدیگر است، که فراتر از حدودی می‌رود که در آن، آرمان علّیّت امکان کاربرد طبیعی خود را می‌یابد.

نمونهٔ ارزنده‌ای که نظریّه نسبیّت ارائه می‌دهد تا تحقیقات معرفت‌شناختی با این‌گونه شواهد تداوم یابد، نباید کم‌ارزش تلقّی شود، زیرا این نظریّه، با روشن‌کردن پیش‌فرض‌هایی غیرمنتظره بر استفادهٔ بی‌ابهام از همهٔ مفاهیم فیزیکی، امکانات جدیدی برای تلفیق پدیده‌های به‌ظاهر آشتی‌ناپذیر با یکدیگر ارائه داد. باید به این نکته هم توجّه داشته باشیم که وضعیّتی که گسترش اخیر نظریّه اتمی ایجاد کرده، در تمامی تاریخ فیزیک بی‌سابقه است. مجموعهٔ مفاهیم فیزیک کلاسیک، که، اینشتین با کار خود آن‌ها را به درجهٔ بالای یکپارچگی و کمال رسانید، بر فرضی، مناسب با تجارب روزانهٔ ما از پدیده‌های فیزیک،

استوار است که بنابرآن، فرق بین رفتار اشیای مادّی و مشاهدهٔ آن‌ها ممکن است. برای آنکه بتوانیم مصداقی بر درسی، که در نظریّهٔ اتمی درمورد اعتبار این‌چنین تعمیم‌های آرمانی رایج وجود دارد، بیابیم، لازم است نظر خود را به شاخه‌هایی از علوم مانند روان‌شناسی و یا حتّی به مسائل معرفت‌شناختی، که متفکّرین بزرگی چون *بودا* و *لائوتسه*، به آن مشغول بوده‌اند، معطوف کنیم تا بتوانیم نوعی هماهنگی بین شرط ما چون بازیگر و تماشاگر در نمایشنامهٔ بزرگ هستی را بیابیم. پذیرفتن نوعی مشابهت بین خصلت مطلقاً منطقی مسائلی که در زمینه‌های تحقیقی به‌دور از یکدیگر پدیدار می‌شود، به‌هیچ‌وجه به معنای واردکردن مفهوم استمداد از باطن، مفهومی بیگانه با روح علم، در فیزیک اتمی نیست، بلکه به‌عکس، چنین مواردی ما را به این پرسش می‌رساند که آیا راه‌حلّی منطقی بر احکام متناقضی که غیرمنتظره پدیدار می‌شود، و ما در کاربرد مفاهیم ساده در پدیده‌های اتمی با آن‌ها رودررووییم، نمی‌تواند مشکلات ما در دیگر حوزه‌های تحقیقی را مرتفع کند؟ درمورد یافتن رابطه‌ای مستقیم بین حیات و یا آزادی اراده و ویژگی‌هایی از پدیده‌های اتمی، که فهمشان تنها با شکستن چارچوب بسیار محدود فیزیک کلاسیک ممکن است، پیشنهادهای فراوانی تاکنون ارائه شده است. درحقیقت می‌توان ویژگی‌های زیادی از واکنش‌های ارگانیسم‌های زنده را، مانند حسّاسیّت ادراک بصری یا جهش ژنی، مثلاً با قراردادن ژن در معرض تابش نافذ، برشمرد که بی‌تردید به تقویّت تأثیرات فرایندهای اتمی منفرد مرتبط است، و با آنچه فنون تجربی در فیزیک اتمی اساساً بر آن استوار است مشابهت دارد. باوجوداین تنها قبول اینکه ظرافت سازمان و سازوکارهای تنظیم در موجودات زنده از انتظارات ما بسیار فراتر می‌رود، برای توضیح درست حیات کافی نیست. در حقیقت، جنبه‌های کل‌گرا و غایت‌گرای پدیده‌های زیست‌شناختی را بی‌تردید نمی‌توان مستقیماً با ویژگی فردیّت فرایندهای اتمی توضیح داد که با کشف کوانتوم کنش به‌دست آمده است، بلکه خصلت اساساً آماری مکانیک کوانتومی ممکن است در نظر اوّل حتّی مشکلات درک درست قوانین زیست‌شناختی را افزایش دهد. رودررو با چنین معضلی، درس کلّی از نظریّهٔ اتمی این پیشنهاد را مطرح می‌کند که تنها راه موجود برای هماهنگ کردن قوانین فیزیکی با مفاهیم مناسب بر تشریح پدیدهٔ حیات، همانا بررسی تفاوت ذاتی میان شرایط مشاهده در پدیده‌های فیزیکی و زیست‌شناختی است.

پیش از هرچیز باید توجّه داشت که هر آرایش تجربی برای مطالعهٔ رفتار اتم‌های سازندهٔ یک ارگانیسم، به‌حدّی که در تجارب بنیادی فیزیک اتمی با اتم‌های منفرد می‌توان انجام داد، امکان زنده نگاه‌داشتن ارگانیسم را ازمیان می‌برد. به‌علاوه سوخت‌وساز بی‌وقفه‌ای که خود بخشی تفکیک‌ناپذیر از حیات است، این امر را غیرممکن می‌کند تا به ارگانیسم‌ها

چون نظامی کاملاً مشخّص از ذرّات مادّی، به‌مانند خواصّ فیزیکی-شیمیایی معمول موادّ، بنگریم. به‌این‌ترتیب، به این نتیجه می‌رسیم که قانونمندی ویژهٔ زیست‌شناسی را باید مکمّل قوانین طبیعی‌ای دانست که برای توضیح خواصّ اجسام بی‌جان ضروری است، و مشابه با رابطهٔ مکمّلی‌ای دانست که میان خاصّیت پایداری اتم‌ها و پدیده‌هایی وجود دارد که تشریح آن‌ها به زبانی که از مختصّات زمانی و مکانی ذرّات متشکّله آن‌ها درست شده است، ممکن است. به این معنی، باید به وجود حیات، چه به تعریف آن و چه به مشاهدهٔ آن، چون اصل موضوعهٔ اولّیه در زیست‌شناسی توجّه داشت که دیگر نمی‌تواند موضوع تحلیل بیشتر باشد. وجود کوانتوم کنش، به‌همراه اتمی‌بودن غایی مادّه، برهمین منوال اصول مقدّماتی فیزیک اتمی را تشکیل می‌دهد.

روشن است که این دیدگاه، هم از آموزه‌های افراطی مکانیک‌گرایی و هم از آموزه‌های حیات‌گرا به‌دور است. چنین نظری، ازطرفی، هر مقایسه‌ای بین ارگانیسم زنده و ماشین را – چه آن‌هایی که ساختمانی نسبتاً ساده دارد و حاصل تصوّر «فیزیک‌دان‌های پزشک» قدیمی است، چه آن‌هایی که امروزه چون پیشرفته‌ترین دستگاه‌های تقویّت‌کننده به‌کار گرفته می‌شود و اغراق درمورد ظرافتشان می‌تواند لقب «کوانتیست‌های پزشک» را برای ما نیز به‌همراه می‌آورد – گمراه‌کننده می‌داند؛ ازطرف دیگر، هر اقدامی به وضع دستهٔ خاصّی از قوانین زیستی را، که ناسازگار با قوانینی باشد که تاکنون در فیزیک و شیمی استقراریافته است، محکوم می‌کند – همچنان‌که این روزها به‌دنبال کشفیّاتی مهمّ در جنین‌شناسی، به‌خصوص درمورد رشد و تقسیم سلّولی پیشنهاداتی چند دراین حوزه شده است. در این زمینه به‌ویژه مایلم یادآوری کنم امکان احتراز از چنین ناسازگاری‌هایی در چارچوب نظریّه مکمّلی را این واقعیّت مهمّ فراهم آورده است که هیچ‌یک از نتایج تحقیقات در زیست‌شناسی را نمی‌توان بی‌ابهام با اصطلاحاتی جز اصطلاحات فیزیک و شیمی تشریح کرد، به همان منوالی که، توضیح هرتجربه‌ای، حتّی در فیزیک اتمی، نهایتاً بستگی به استفاده از مفاهیمی دارد که برای ثبت آگاه تأثیرات حسّی ما ضروری است.

این نکتهٔ اخیر ما را به حوزهٔ روان‌شناسی باز می‌گرداند؛ حوزه‌ای که در آن مسائل مشاهده و تعریف آن‌ها در تحقیقات علمی، پیش از آنکه در علوم طبیعی مطرح شده باشد، مدّنظر قرار گرفته بود. در تجربهٔ فیزیکی، چنان‌که می‌دانیم، عدم امکان تمیز میان خود پدیده‌ها و درک آگاه از آن‌ها، اعراض از تشریح علّی براساس گرتهٔ فیزیک کلاسیک را خواهان است. استفاده از واژگانی چون «فکر» و «احساس» برای تشریح تجارب ذهنی، خود دراین‌باره به‌بهترین وجهی یادآور رابطهٔ مکمّلی در فیزیک اتمی است. در اینجا نمی‌خواهم بیشتر وارد جزئیّات شوم. مقصودم تنها تأکید بر این واقعیّت است که همین عدم امکان تمیز روشن

بین ذهن و عین در درون‌نگری، خود، زمینهٔ لازم را برای ابراز آزادی اراده فراهم می‌آورد. امّا ربط‌دادن آزادی اراده به محدودیّت قانون علّیّت در فیزیک اتمی — همچنان‌که کراراً پیشنهاد شده — موردی خواهد بود که مطلقاً بیگانه با گرایشی است که به‌هنگام یادآوری مسائل زیست‌شناسی به آن اشاره کردیم.

در خاتمهٔ صحبت امیدوارم که این جسارت را به فیزیک‌دانی که به بیرون از حوزهٔ تخصّصی خود سر درآورده است، خواهید بخشید؛ به‌خصوص در این فرصت خجسته که بحث میان فیزیک‌دان‌ها و زیست‌شناسان گردآمده دراین همایش، به‌منظور تجلیل از جایگاه پیشگام بزرگ، که هر دو رشتهٔ علمی نیز وامدار اکتشافات بنیادی اوست، می‌تواند بسیار سودمند باشد.

مسائل معرفت‌شناختی در فیزیک و فرهنگ‌های بشری

سخنرانی در «همایش جهانی علوم مردم‌شناسی و قوم‌شناسی» در کپنهاگ، اوت ۱۹۳۸

قبول دعوت به صحبت دربرابر جمعی متشکّل از نمایندگان برجستهٔ علوم مردم‌شناسی و قوم‌شناسی، از جانب فیزیک‌دانی چون من، که طبعاً در این زمینه اطّلاعات عمیقی ندارد، بی‌دغدغهٔ خاطر برایم ممکن نشد. اگرچه فضای تاریخی در این فرصت خاصّ یادآور وجوهی از مسئله حیات است که با وجوه مکرّراً بحث‌شده در جلسات میان کارشناسان، کاملاً تفاوت دارد، شاید گفتن چند کلمه‌ای دربارهٔ مسائل محض معرفت‌شناختی، که گسترش فیزیک در سال‌های اخیر با خود به‌همراه آورده است، و تأثیرات این گسترش بر مسائل عام بشری، بی‌فایده نباشد. هرچند رشته‌های تخصّصی ما با یکدیگر تفاوت زیاد دارد، به‌نظر می‌رسد تعلیمات فیزیک‌دان‌ها، مبنی بر اینکه در استفاده از مفاهیم معمول در تجربیّاتی که از حدود تجارب روزانه فراتر می‌رود، نهایت احتیاط لازم است، تا به‌شیوه‌ای نو خطرهایی را یادآور شود که بر همهٔ بشردوستان شناخته‌شده است، و همانا از داوری ما از دیدگاه فرهنگی خودمان دربارهٔ دیگر جوامع برمی‌خیزد.

بدیهی است که فرق قطعی بین فلسفه طبیعی و فرهنگ بشری ممکن نیست. اینکه علوم فیزیکی بخشی از تمدّن ما را تشکیل می‌دهد، نه فقط ازآن‌روست که تسلّط ما بر نیروهای طبیعت به‌کلّی شرایط زندگی مادّی را تغییر داده، بلکه بیشتر به‌این‌سبب است که مطالعهٔ این علوم خود در روشن‌کردن زمینهٔ وجودی ما سهم بسزایی داشته است. ما دیگر خود را در مرکز عالم چون موجوداتی ممتاز نمی‌دانیم که جوامع بداقبال‌تر به‌گرد ما هستند و در مرز نیستی به‌سر می‌برند. این شناخت به‌برکت پیشرفت در نجوم و جغرافیا به‌دست آمده است و فهمیده‌ایم که بر روی سیارهٔ کوچک کروی شکلی در منظومهٔ شمسی زندگی می‌کنیم که خود بخش بسیار ناچیزی از نظام‌های گسترده‌تر است. از این کشف که هر پدیدهٔ فیزیکی به دیدگاه مشاهده‌کننده وابسته است، چه درسی درمورد نسبی بودن تمامی داوری‌های بشری آموخته‌ایم؟ نظریهٔ نسبیّت، با بازنگری مجدّد ما در پیش‌فرض‌هایی که کاربرد ما از مفاهیم – حتّی ابتدایی‌ترین آن‌ها مانند زمان و مکان – بر آن‌ها استوار است، در فهم از یکپارچگی و زیبایی عالم سهمی بسزا داشته است.

درحالی‌که به اهمیّت چنین کشفیّات بزرگی در جهان‌بینی خود عمدتاً واقف شده‌ایم، درس غیرمنتظرهٔ معرفت‌شناختی آن را، که گسترش حوزهٔ تحقیقات فیزیکی جدید ارائه داده است، هنوز به آن حدّ مورد نظر قرار نداده‌ایم. نفوذ ما در جهان اتم، که تاکنون برایمان مسدود بود، به‌درستی واقعه‌ای بود که با سفر دریانوردان، به‌منظور کشف سرزمین‌های ناشناخته، و اخترشناسان به‌منظور اکتشاف اعماق فضای سماوی، مقایسه‌شدنی است. همچنان‌که می‌دانیم، گسترش اعجاب‌برانگیز فنّ تجربه در فیزیک نه‌تنها آخرین بقایای این عقیدهٔ قدیمی را زدود، که بی‌دقّتی حواسّ ما برای همیشه مانع تحصیل اطّلاعات مستقیم دربارهٔ اتم‌های منفرد خواهد شد، بلکه به‌عکس نشان داد که اتم‌ها خود متشکّل از ذرّات بسیار کوچک‌تری است که می‌توان آن‌ها را از یکدیگر تفکیک کرد و به مطالعهٔ جداگانهٔ خواصّ هریک از آن‌ها پرداخت. همچنین در حوزهٔ گیرای تجربه آموختیم که قوانینِ تاکنون شناخته‌شدهٔ طبیعت و تشکیل‌دهندهٔ بنای رفیع فیزیک کلاسیک، تنها وقتی معتبر است که مطالعهٔ ما به اجسامی محدود شود که از تعداد نامحدودی اتم تشکیل شده باشد. معارف جدید که درمورد رفتار اتم‌های منفرد و ذرّات اتمی به‌دست آورده‌ایم، همگی این واقعیّت غیرمنتظره را افشا می‌کند که تقسیم به‌جزء مادّه از حدود آموزهٔ قدیمی تقسیم‌پذیری محدود مادّه به‌مراتب فراتر می‌رود و به هر فرایند اتمی، «فردیّت» خاصّ خود را می‌دهد. چنین کشفی، اساس فهم پایداری ذاتی ساختارهای اتمی را به‌دست داد، که نظم در تجارب روزانهٔ ما را سرانجام سبب می‌شود.

پیشرفت فیزیک اتمی، تغییری بنیانی در نظر ما از تشریح طبیعت به‌وجود آورد. آنچه بیش از هرچیز این مطلب را به‌روشنی نشان می‌دهد، این واقعیّت است که چارچوب اصل علّیّت، که تاکنون بنیان بی‌چون‌وچرای هر تفسیری از پدیده‌های طبیعی بود، چارچوبی آن‌قدر مضیق بود که در دربرگرفتن قوانین کاملاً ویژهٔ حاکم بر اتم‌ها خود را ناتوان نشان داد. همه می‌دانیم که دلایل محکمی، فیزیک‌دان‌ها را مجبور به اعراض از آرمان علّیّت نمود. مطالعهٔ پدیده‌های اتمی این را نیز به ما آموخت که برخی سؤالات، که پاسخ به آن‌ها را قطعی می‌پنداشتیم، هنوز هم شگفتی‌هایی را برای ما در بردارد. همهٔ شما مسلّماً معمّایی را که در سال‌های اخیر ابتدایی‌ترین مسائل خواصّ نور و مادّه برای ما مطرح کرده، و فیزیک‌دان‌های معاصر را به‌سرگردانی کشانده است، شنیده‌اید. تضادّهای ظاهری که دراین مورد با آن‌ها روبرو هستیم، در واقع همان‌قدر حادّ است که در اوایل قرن اخیر گسترش نظریّهٔ نسبیّت موجب شد. این تضادّها را تنها با بررسی دقیق‌تر محدودیّتی که تجارب جدید به استفادهٔ روشن از مفاهیمی تحمیل می‌کند که در تشریح پدیده‌ها وارد می‌شود، توانستیم ازمیان برداریم. ضمن اینکه نکتهٔ اساسی در نظریّهٔ نسبیّت قبول این مطلب بود که دو ناظر

نسبت به‌یکدیگر متحرّک، رفتار اشیاء را اساساً متفاوت با یکدیگر تشریح می‌کنند. روشن‌شدن تناقضات در فیزیک اتمی این واقعیّت را آشکار کرد که برهم‌کنش اجتناب‌ناپذیر بین یک شیء و دستگاه اندازه‌گیری، حدّ مطلقی را بر امکان صحبت از رفتار اشیای اتمی، مستقلّ از ابزار مشاهده، تحمیل می‌کند.

در اینجا ما خود را دربرابر مسئلهٔ معرفت‌شناختی کاملاً جدیدی در علوم طبیعی می‌بینیم. تشریح تجارب ما تاکنون بر این فرض، که به ذات قراردادهای معمول در زبان مربوط است، استوار بود و اینکه امکان تفکیک قطعی رفتار خاصّ اشیاء از ابزارهای مشاهده وجود دارد. تجارب روزانهٔ ما نه‌تنها این فرض را به‌درستی توجیه می‌کند، بلکه همین فرض، اساس فیزیک کلاسیک را تشکیل می‌دهد که نظریّهٔ نسبیّت خود به‌درستی آن را به کمالی اعجاب‌برانگیز رسانید. امّا همین‌که خود را سرگرم پدیده‌هایی می‌کنیم، که مانند فرایندهای اتمی فردی، به‌دلیل طبیعت خود، ذاتاً از راه برهم‌کنش اشیای مورد مطالعه و دستگاه‌های اندازه‌گیری مشخّص می‌شود، و در تعیین شرایط تجربی ضروری است، باید با بررسی دقیق‌تر ببینیم که اصولاً چه شناختی می‌توان از این راه از شیء مورد مطالعه به‌دست آورد. در این شرایط باید ازطرفی به این امر آگاه باشیم که هدف هر تجربه‌ای در فیزیک تحصیل شناخت در شرایط تکرارشدنی و ابلاغ آن است؛ امری که دست ما را تنها در این انتخاب باز می‌گذارد تا به هنگام تشریح، نه‌تنها ابزارهای اندازه‌گیری و طرز کارشان، بلکه نتایج تجربیّات را، مفاهیم زندگی روزانه را، که خود با اصطلاحات فیزیکی پالایش پیدا کرده است، به‌کار گیریم. ازسوی دیگر دانستن این مطلب نیز مهمّ است که هیچ اطّلاعاتی از پدیده‌ای که اصولاً در خارج از حوزهٔ فیزیک کلاسیک باشد، نمی‌تواند چون اطّلاعاتی از خواصّ مستقلّ اشیاء تفسیر شود؛ بلکه چنین اطّلاعاتی ذاتاً جدانشدنی از وضعیّت مشخّصی است که اساساً تشریح آن به ابزارهای اندازه‌گیری‌ای که در برهم‌کنش با شیء مورد مطالعه است، نیازمند است. این‌واقعیّت تضادّهای ظاهری را، که هربار به هنگام جمع نتایج به‌دست‌آمده از مطالعه اشیای اتمی به‌کمک آرایش‌های تجربی مختلف و استخراج تصویری واحد از آن پدیدار می‌شود، بلافاصله ازمیان برمی‌دارد.

اطّلاعات به‌دست‌آمده دربارهٔ رفتار شیء اتمی واحد در شرایط تجربی کاملاً مشخّص، امّا متباین با یکدیگر را، می‌توان بنا به اصطلاح جاری در فیزیک اتمی *مکمّلی* دانست بر اطّلاعاتی که درمورد همان شیء در آرایش تجربی متفاوتی به‌دست آمده است، که در آن، این شرایط مراعات نشده باشد. هرچند جمع‌کردن این اطّلاعات با یکدیگر به‌منظور استخراج تصویری واحد از آن‌ها، که بتواند به‌کمک مفاهیم زندگی روزانه تشریح شود، امکان‌پذیر نیست، این اطّلاعات، هریک به نوبهٔ خود نمودار وجوهی اساسی از آن چیزی

است که می‌توان در این زمینه درمورد شیء مذکور فراگرفت. با شناخت خصلت مکمّلی مشابهت‌های مکانیکی، که به‌کمک آن‌ها کوشش می‌شود تا اثرهای نوری مختلف روشن شود، راه‌حلّ رضایت‌بخشی برای معمّاهایی یافتیم که در بالا به آن‌ها در پیوند با خواصّ نور اشاره کردیم. به‌همین منوال، تنها باتوجّه‌به روابط مکمّلی موجود میان اطّلاعات مختلف به‌دست‌آمده دربارهٔ رفتار ذرّات اتمی است، که به فهم تباین آشکار بین خواصّ گرتهٔ مکانیکی معمول و قوانین کاملاً خاصّ پایداری اتم‌ها موفّق شدیم که بر ساختارهای اتمی حاکم است و اساس هر توضیح دقیقی از خواصّ فیزیکی و شیمیایی مادّه را تشکیل می‌دهد. بدیهی است که در اینجا قصد واردشدن در جزئیّات این موضوع را ندارم؛ امّا امیدوارم موفّق شده باشم تصویری روشن از این واقعیّت به‌دست دهم، که ما به‌هیچ‌وجه خودسرانه از تحلیل دقیق غنای شناخت فزایندهٔ خود از جهان اتم دست نکشیدیم، بلکه به‌عکس مسئلهٔ گسترش منطقی و امکان طبقه‌بندی و فهم واقعیّات جدید تجربی در میان است، که به‌دلیل طبیعت خود نمی‌تواند در چارچوب تشریح علّی جایگزین شود. دیدگاه مکمّلی را، به‌دور از هرگونه استمداد از باطن - که بیگانه با روح علم است - باید تعمیمی منطقی از آرمان علّیّت درنظر داشت.

هراندازه که چنین تکاملی در فیزیک غیرمنتظره به‌نظر رسد، من یقین دارم بسیاری از شما به رابطهٔ نزدیکی که بین وضعیّت موجود در تحلیل پدیده‌های اتمی – آن‌چنان‌که به تشریح آن در بالا پرداختیم – و خصلت ویژهٔ مسئلهٔ مشاهده که در روان‌شناسی وجود دارد، پی برده‌اید. درواقع می‌توان گفت گرایش‌های روان‌شناختی جدید را، باید واکنشی برضدّ اقداماتی مشخّص دانست که قصد دارد تجربه‌های ذهنی را به عناصر متشکّلهٔ آن تجزیه کند و بعد به جمع آن عناصر، مانند داده‌های به‌دست‌آمده از اندازه‌گیری در فیزیک بپردازد. روشن است که به‌هنگام درون‌نگری غیرممکن است بتوان بین خود پدیده‌ها و درک آگاه آن‌ها فرق دقیقی قایل شد. هرچند غالباً مدّعی هستیم توجّه‌مان را به این یا آن جنبهٔ ویژهٔ تجربهٔ فیزیکی معطوف کرده‌ایم. بررسی‌های دقیق‌تر نشان می‌دهد در چنین مواردی نیز حقیقتاً با حالاتی متباین سروکار داریم. این گفتهٔ قدیمی حکما را همه شنیده‌ایم که کوشش به تحلیل احساس، باعث ازبین‌رفتن آن احساس می‌شود. به این معنی، میان تجارب روانی، که در تشریحشان واژه‌هایی مانند «فکر» و «احساس» را به‌کار می‌گیریم، رابطه‌ای مکمّلی موجود است که با رابطهٔ مکمّلی به‌دست‌آمدنی در رفتار اتم تحت شرایط تجربی مختلف، و از آنجا با استنتاج آن نتایج به‌کمک تصوّرات معمول ما مشابهت دارد. طبیعی است که در اینجا با چنین مقایسه‌ای به‌هیچ‌وجه قصد پیشنهاد رابطهٔ مستقیمی بین فیزیک اتمی و روان‌شناسی را نداریم، بلکه تنها می‌خواهیم مشابهت صرفاً معرفت‌شناختی میان آن‌ها را

خاطرنشان کنیم و از خود سؤال کنیم تاچه‌حدّ مسائل فیزیکی نسبتاً ساده، می‌تواند مسائل روان‌شناختی پیچیده‌تری را که زندگی بشری مطرح کرده و مردم‌شناسان و قوم‌شناسان کراراً در تحقیقات خود به آن برخورد می‌کنند، روشن کند.

اکنون موضوع اصلی صحبت خود، یعنی تأثیر این دیدگاه‌ها بر مقایسهٔ بین فرهنگ‌های بشری را بررسی می‌کنیم. نخست رابطهٔ مکمّلی نوعی را که بین حالت‌های رفتاری موجودات زنده - که برخی را «غریزه» و برخی دیگر را «عقل» می‌نهیم - خاطرنشان می‌کنیم. کاملاً درست است که می‌توان به واژه‌ها معانی مختلف داد. مثلاً غریزه می‌تواند به معنای نیرویی محرّک و یا رفتاری ارثی باشد، و از عقل می‌توان درک عمیق و یا تفکّر آگاه را منظور داشت. امّا آنچه در اینجا مورد توجّه ماست تنها استفادهٔ عملی از این واژه‌ها به هنگامی است که قصد تمیز میان حالاتی مطرح باشد و در آن‌ها صحبت از حیوان و یا انسان باشد. بدیهی است که هیچ‌کس به این نکته معترض نیست که ما به جهان حیوانات تعلّق داریم، و یافتن تعریفی جامع که وجه مشخّص بین انسان و حیوان باشد، ممکن نیست. حقیقت این است که امکانات پنهان موجودات زنده به‌سادگی برآوردشدنی نیست. در این زمینه فکر می‌کنم نتایج حاصله از تربیت حیوانات سیرک باید گاهی بر هریک از ما تأثیر عمیقی گذاشته باشد. انتقال اطّلاعات از فردی به فرد دیگر حتّی نمی‌تواند خطّ فاصل میان حیوان و انسان باشد، بلکه قدرت تکلّم است که ما را از این جهت در موقعیّتی اساساً متفاوت با موقعیّت حیوانات قرار می‌دهد؛ به‌این‌ترتیب ما نه‌فقط تجارب عملی خود را می‌توانیم مبادله کنیم، بلکه به‌خصوص سنّت‌هایی را، که شامل رفتار و سیر فکر ماست، و اساس فرهنگ بشری را تشکیل می‌دهد، از راه آموزش به فرزندانمان انتقال می‌دهیم.

دربارهٔ مقایسهٔ عقل و غریزه، لازم است پیش از هرچیز به‌خاطر بیاوریم که تصوّر هیچ فکر بشری، به‌معنای خاصّ این واژه، بدون به‌کارگرفتن چارچوبی از مفاهیم ساخته‌شده براساس زبان، که هر نسل باید از نو فراگیرد، ممکن نیست. این کاربرد از مفاهیم، نه‌تنها زندگی غریزی را به مقیاس وسیعی سرکوب می‌کند، بلکه درعین‌حال تا حدّ زیادی در رابطهٔ مکمّلی انحصاری با نمود غرایز موروثی قراردارد. این واقعیّت که حیواناتِ پست‌تر در استفادهٔ از امکانات طبیعی به‌منظور بقا و اشاعهٔ نسل خود، از برتری تعجّب‌برانگیزی در مقایسه با زندگی ما برخوردارند، غالباً چنین توضیح داده می‌شود که در نزد حیوانات صحبت از تفکّر آگاه، به‌معنایی که ما از این واژه منظور داریم، نمی‌تواند مطرح باشد. همچنین در نسل انسان‌های به‌اصطلاح اولّیه قدرت جهت‌یابی فوق‌العادّه در جنگل‌ها و بیابان‌ها را می‌شناسیم؛ قدرتی که به‌ظاهر در جوامع متمدّن‌تر از دست رفته است، هرچندکه نزد برخی از ما می‌تواند به‌موقع بیدار شود. به‌نظر می‌رسد بتوان قبول کرد چنین اعمالی وقتی

امکان‌پذیر است که به‌هیچ‌گونه تفکّری براساس مفاهیم توسّل نیابیم که سازگار با مقاصد مختلف بوده و به‌خصوص برای گسترش تمدّن ضروری باشد. اینکه نوزادی را به‌دشواری می‌توان در شمار انسان‌ها دانست، به‌این‌دلیل است که هنوز مزیّت استفاده از مفاهیم در نزد او بیدار نشده است. گرچه او در دفاع از خود، از بیشتر حیوانات جوان ضعیف‌تر است، ازآنجایی‌که به تیرهٔ انسان تعلّق دارد، می‌تواند امکانات ارگانیکی خود را از راه آموزش درجهت پذیرش فرهنگ به‌کار گیرد و به این وسیله جایی برای خود در جامعهٔ بشری بیابد. توجّه‌به نکات بالا ما را مستقیماً دربرابر این سؤال قرار می‌دهد که آیا این عقیدهٔ رایج را، که هر کودکی با آمادگی قبلی برای فرهنگی معیّن متولّد می‌شود، می‌توان مستدلّ دانست، یا به‌عکس باید پذیرفت که هر فرهنگی می‌تواند در هر سرزمینی کشت شود و رشد کند؟ در اینجا با مسئله‌ای تماس پیدا می‌کنیم که بین ژنتیک‌دانان، که تحقیقات ارزندهٔ خود را در زمینهٔ موروثی‌بودن خصلت‌های جسمی و روانی دنبال می‌کنند، مورد مناقشه است. امّا ازآنجاکه صحبت ما به این بحث‌ها کشیده شد، پیش از هرچیز نباید فراموش کنیم که فرق میان مفاهیم ریختهٔ ژنتیکی و ریختهٔ ظاهری، هراندازه که برای فهم مسئلهٔ وراثت در گیاهان و حیوانات مفید باشد، اساساً این فرض را مقدّمتاً می‌پذیرد که شرایط خارجی حیات تنها تأثیری ثانوی بر خصوصیّات مشخّصهٔ تیره‌ها دارد. امّا آنجایی که مسئله به‌خصوصیّات فرهنگی جوامع بشری مربوط می‌شود، قضیه کاملاً برعکس است. به‌این‌معنی که اساس رده‌بندی دراین مورد، سنّت‌ها و عاداتی است که تحوّل تاریخی و محیط طبیعی به آن‌ها شکل داده است. به‌این‌دلیل است که قبل از داوری دربارهٔ تأثیر محتمل تفاوت‌های زیستی موروثی بر توسعه و بقای فرهنگ‌ها، باید این سنّت‌ها و عادات و همچنین شرایط ملازم با آن‌ها مفصّلاً تجزیه و تحلیل شود. وقتی می‌خواهیم ملل مختلف یا حتّی اقوام مختلف در درون یک ملّت را مشخّص کنیم، می‌توانیم مشخّصه‌های ژنتیکی و سنّت‌های فرهنگی را کاملاً مستقلّ از یکدیگر بدانیم و حتّی گاهی به این فکر بیفتیم که صفت «انسانی» را بنا به تعریف درمورد خصوصیّاتی به‌کار بریم که مستقیماً مربوط به توارث جسمی نباشد.

در نظر اوّل ممکن است به‌نظر رسد چنین نظری برای دیدگاه دیالکتیکی محض اهمیّتی بیش از حدّ قایل است. امّا تمامی تاریخ تکامل علوم فیزیکی به ما می‌آموزد که بذر هر پیشرفتی غالباً در انتخاب صحیح تعاریف موجود نهفته است. وضوح و روشنی که نظریّهٔ نسبیّت در فیزیک به‌وجود آورد و تأثیر آن بر دیگر رشته‌های علمی، به‌درستی مؤیّد این نظر است. همچنان‌که قبلاً نیز اشاره کردیم، نظریّه نسبیّت می‌تواند در راهنمایی ما برای درک عینی‌تر روابط بین فرهنگ‌های بشری سودمند باشد، زیرا تفاوت سنّتی میان این فرهنگ‌ها در بسیاری از موارد معادل تفاوت‌هایی است که نتایج تجارب فیزیکی با یکدیگر

دارد. باوجوداین، مشابهت میان مسائل علوم فیزیکی و علوم انسانی دارای دامنهٔ محدودی است و مبالغه در وجود چنین مشابهت‌هایی حتّی موجب شناخت نادرست از جوهرهٔ نظریّهٔ نسبیّت شده است. این نکته را نباید نادیده گرفت که وحدت در تصوّر نسبی از جهان دقیقاً این امکان را ایجاب می‌کند که هر ناظری بتواند در چارچوب طبیعی خود از مفاهیم، پیش‌بینی کند که ناظر دیگری در چارچوب طبیعی خود از مفاهیم، تجارب او را چگونه می‌بیند. مانع اصلی که ما را از درک بدون پیش‌داوری از رابطهٔ بین فرهنگ‌های مختلف باز می‌دارد، همانا اختلافات عمیق در پیش‌زمینه‌های سنّتی است، که بر آن وحدت نظر بر سر تصوّر از زندگی در هر جامعه‌ای استوار است؛ و خود مانع می‌شود تا به مقایسهٔ ساده و صحیح فرهنگ‌ها با یکدیگر بپردازیم.

دیدگاه مکمّلی در این مورد، وسیله‌ای است تا بر این وضع مسلّط شویم. هنگامی‌که فرهنگ‌های متفاوت با فرهنگ خود را مطالعه می‌کنیم، خود را درواقع دربرابر مسئلهٔ خاصّ مشاهده می‌یابیم؛ مسئله‌ای که با دقیق‌شدن در آن به وجوه مشترکش با مسائل اتمی و روانی می‌توان پی برد. دراین مورد برهم‌کنش میان شیء و ابزار اندازه‌گیری، و یا به‌عبارتی تفکیک‌پذیر نبودن محتوای عینی از فاعل ناظر مانع به‌کارگیری مستقیم قراردادهای جاری در زبان می‌شود که متناسب با تجارب روزانه باشد. به‌همین‌منوال، در مطالعهٔ فرهنگ‌های اقوام بدوی‌تر، قوم‌شناسان نه‌فقط به مخاطراتی واقفند که این مطالعات – به‌دلیل تماس خود با این اقوام – می‌تواند داشته باشد، بلکه حتّی می‌آموزند که تاچه‌حدّ چنین مطالعاتی بر اعتقاد آنان از مسئله حیات تأثیر می‌گذارد. در اینجا به نمونهٔ ارزنده‌ای که پژوهشگران با آن آشنایی دارند، اشاره می‌کنم. همگی این پژوهشگران معترفند که پیش‌داوری‌های ناآگاهشان با مشاهدهٔ غیرمترقّبهٔ هماهنگی درونی زندگی انسان‌ها – حتّی آن‌هایی که زندگی کاملاً متفاوتی با ما دارند – به‌یک‌باره از ریشه و بن تکان خورده است. در این مورد به ذکر این مثال مؤثّر می‌پردازیم که در بعضی از جوامع، وظیفهٔ مرد و زن، نه‌فقط در کارهای خانگی و اجتماعی، بلکه حتّی در رفتار و طرز فکر با یکدیگر عوض شده است. هرچند ممکن است بسیاری در میان ما با تردید بپذیرند که تنها بازی سرنوشت به این اقوام فرهنگ خاصّ خود و به ما فرهنگ خود را داده باشد و به‌عکس، روشن است که کم‌ترین سوءظنی در این جهت، می‌تواند خیانت به غرور ملّی را معنی دهد، که ملازم به هر فرهنگ اصیلی است.

همچنان‌که در فیزیک اتمی، واژه مکمّل را به‌کار می بریم تا رابطهٔ میان تجاربی را مشخّص کنیم که به‌کمک آرایش‌های تجربی متفاوت به‌دست آورده‌ایم، و این نتایج را تنها به‌کمک تصوّرات مختلف می‌توانیم توضیح دهیم، به همان صورت نیز می‌توانیم بگوییم که

فرهنگ‌های مختلف مکمّل یکدیگر است. درحقیقت، هر فرهنگی نمودار تعادلی بین قراردادهای سنّتی است که به‌واسطهٔ آن‌ها امکانات پنهان زندگی بشری گسترش می‌یابد، و از این راه وجوه مختلف تنوع بی‌حدّ خود را آشکار می‌کند. مسلّم است که در اینجا نمی‌تواند صحبت از مباینت مطلق، به معنایی باشد که بین تجارب مکمّل در فیزیک اتمی وجود دارد، زیرا به‌ندرت فرهنگی پیدا می‌شود که بتوان آن را مطلقاً اصیل دانست. همهٔ ما نمونه‌هایی از تماس‌های کم‌وبیش نزدیک میان جوامع مختلف را می‌شناسیم که به‌عکس به ادغام تدریجی سنّت‌هایشان در یکدیگر و از آنجا به تولّد فرهنگی کاملاً جدید انجامیده است. از این نظر اهمیّت درهم‌آمیزی ملل مختلف، به‌دلیل مهاجرت و یا فتح سرزمین‌های یکدیگر در پیشرفت تمدّن، به بحث نیازی ندارد. هدف عالی علوم انسانی شاید این باشد که با شناخت فزایندهٔ خود از تاریخ تحوّل فرهنگ‌های بشری، به‌تدریج پیش‌داوری‌ها را بزداید و از این راه به هدف مشترک تمامی علوم نزدیک‌تر شود.

همچنان‌که در آغاز صحبت خود گفتم، کمک مستقیم من در حلّ مسائل موردبحث بین متخصّصین حاضر در این جمع نمی‌تواند به‌هیچ‌وجه مطرح باشد. به‌این‌سبب تنها کوشش کردم تصویری از درک کلّی نظریّهٔ شناخت به‌دست دهم که درموردی به ما تحمیل شده است که از مهر بشر همان‌قدر به‌دور است که از تجارب سادهٔ فیزیکی. نمی‌دانم آیا موفّق به یافتن واژهٔ مناسب برای ارائه این تصویر به شما شده‌ام یا خیر. پیش از اینکه به صحبت خود پایان دهم، مایلم تجربه‌ای را برایتان نقل کنم که روزی مرا با حدّت هرچه تمام‌تر متوجّه نقص‌هایم در این مورد کرد. یک‌بار برای اینکه به حاضرین در جمعی توضیح دهم که واژهٔ «پیش‌داوری» را به‌کار نمی‌گیرم تا دیگر فرهنگ‌ها را محکوم کنم، به شوخی رو به آن‌ها کردم و گفتم که داشتن برخی از پیش‌داوری‌ها در اینجا، یعنی دانمارک، درمورد برادران سوئدی‌مان در آن طرف سوند زیبا، که از این پنجره می‌توانیم ببینیم، و قرن‌ها با آن‌ها حتّی در میان دیوارهای این قصر جنگیده‌ایم و از آن‌ها طیّ قرون و اعصار بسیار چیزها آموخته‌ایم، خود نوعی سنّت است. همین‌که صحبتم تمام شد، یکی از حضّار به سراغم آمد و گفت که نمی‌تواند بفهمد که چرا من از سوئدی‌ها بیزارم. اکنون می‌توانید تصوّر کنید که من آن روز تاچه‌حدّ منقلب شده بودم. در آن روز ظاهراً باید نامفهوم صحبت کرده باشم و امروز هم می‌ترسم منظور خود را به‌روشنی بیان نکرده باشم. باوجوداین، امیدوارم ابهام در صحبت‌های امروزم چنین سوءفهم‌هایی را برنیانگیخته باشد.

بحث با اینشتین دربارهٔ مسائل معرفت‌شناختی فیزیک اتمی

به‌مناسبت بزرگداشت آلبرت اینشتین: فیلسوف و عالم. سلسله انتشارات فیلسوفان معاصر، اوانسون

هنگامی‌که ناشر مجموعهٔ «فیلسوفان معاصر» از من درخواست کرد تا مقاله‌ای برای این دوره بنویسم، که در آن دانشمندان معاصر از کارهای پیشرو *آلبرت اینشتین* در پیشبرد فلسفهٔ علوم طبیعی تجلیل می‌کنند، و به‌نام تمامی نسل حاضر از او به‌خاطر راهی که نبوغش پیش ما گشوده قدردانی می‌کنند، گمان کردم که این، شاید بهترین راه برای ابراز دِینم به الهامات *اینشتین* باشد. درهمین‌جا فرصت‌های مکرّری به‌یک‌باره در خاطرم زنده شد که طیّ سالیان نصیبم شده بود تا با *اینشتین* دربارهٔ مسائل معرفت‌شناختی، که در نتیجهٔ توسعهٔ اخیر فیزیک اتمی مطرح شده بود، بحث کنم. به‌این‌سبب گمان کردم سهم خود را تنها وقتی می‌توانم ادا کنم که به گزارش دربارهٔ بحث‌هایی بپردازم که برای من بسیار ثمربخش و شوق‌برانگیز بوده است. همچنین امیدوارم این گزارش بتواند اهمیّت اساسی تبادل آراء و عقاید در پیشرفت علمی را، و اینکه تجربیّات جدید چگونه ما را بی‌وقفه به تجدیدنظر در ادراکمان وامی‌دارد، به محافل علمی وسیع‌تری نشان دهد.

مسئلهٔ اساسی از همان آغاز بحث، موضعی بود که باید دربرابر مسئلهٔ اعراض از برخی از اصول معمول فلسفهٔ طبیعی اتّخاذ می‌کردیم. اعراض از این اصول از ویژگی‌های پیشرفت‌های اخیر در فیزیک است که نقطهٔ شروع آن در نخستین سال این قرن، کشف کوانتوم عام کنش *پلانک* بود. کشف پلانک از خصلت اتمی‌بودن، که بسیار از آموزهٔ قدیمی تقسیم‌پذیری محدود مادّه فراتر می‌رفت، از قوانین طبیعت پرده برداشت، و به ما فهماند که نظریّه‌های کلاسیک فیزیک درواقع ذهنیّاتی آرمانی است که تنها در حدّی می‌تواند بی‌ابهام اعمال شود که ذیل آن‌ها همهٔ کنش‌ها در مقایسه با کوانتوم بزرگ باشد. مسئلهٔ موردبحث این بود که آیا به اعراض از شیوهٔ تشریح علّی فرایندهای اتمی، که کوشش به تسلّط بر موقعیّت جدید آن را ایجاب می‌کرد، به معنای چشم‌پوشی موقّتی از آرمانی بود که سرانجام پیدا خواهد شد، یا اینکه مسئلهٔ مرحله‌ای قطعی در راه ایجاد هماهنگی در تحلیل و ترکیب پدیده‌های فیزیکی در میان بود. برای اینکه به‌شرح سابقهٔ بحث خود با *اینشتین* بپردازیم و استدلال‌های دیدگاه‌های مخالف را با روشنی هرچه‌تمام‌تر بیان کنم، به‌نظر

می‌رسد یادآوری برخی از وجوه پیشرفت در فیزیک ضروری باشد، که اینشتین خود در آن‌ها سهم مهمّی دارد.

چنان‌که می‌دانیم، روشن‌شدن رابطهٔ نزدیک میان قوانین ترمودینامیک و نظم آماری در نظام‌های مکانیکی با شمار زیاد درجات آزادی، به دست *بولتس‌من*، *پلانک* را در تحلیل مؤثّرش از مسئلهٔ تابش حرارتی به کشف اساسی‌اش کشاند. درحالی‌که *پلانک* عمدتاً کوشش‌های خود را به بررسی‌های اساساً آماری مصروف می‌کرد، و از هر استنتاج قطعی دراین مورد که وجود کوانتوم کنش تاچه‌حدّ اعراض از اصول مکانیک و الکترودینامیک را ایجاب می‌کرد، از سر احتیاط پرهیز می‌کرد، کمک ابتکاری بزرگ *اینشتین* به نظریهٔ کوانتومی (۱۹۰۵)[۱] دقیقاً تشخیص این نکته بود که چگونه پدیده‌های فیزیکی مانند اثر فوتوالکتریک مستقیماً به اثرهای کوانتومی فردی بستگی دارد. *اینشتین* درست در همان سال‌هایی که با پیشبرد نظریّهٔ نسبیّت، مبانی جدیدی برای فیزیک مطرح می‌کرد، فکر بسیار جسورش وجوه جدیدی از اتمی‌بودن را هم پیدا کرده بود که در چارچوب فیزیک کلاسیک نمی‌گنجید.

اینشتین با شمّی به‌دور از خطا و مرحله به مرحله به این نتیجه رسید که هر فرایند تابش با جذب یا گسیل کوانتوم‌های فردی نوری یا «فوتون‌ها» همراه است که انرژی و یا تکان آن‌ها به‌ترتیب برابر است با:

(۱)

$$P = h\sigma \text{ و } E = h\nu$$

که در آن‌ها h همان ثابت *پلانک* است، ν و σ به‌ترتیب، تعداد ارتعاشات در واحد زمان، و تعداد امواج در واحد طول است. صرف‌نظر از ثمربخشی چنین اکتشافی، مفهوم فوتون، خود معضل کاملاً غیرمنتظره‌ای را موجب شد، زیرا تصوّر سادهٔ ذرّه‌ای تابش به‌وضوح با اثرهای تداخل ناسازگار است که خود خصلتی اساسی از پدیدهٔ تابش است و تنها با تصوّر موجی می‌توان آن را توضیح داد. این واقعیّت که اثرهای تداخل تنها وسیله‌ای است که به‌کمک آن می‌توانیم مفاهیم بسامد و طول موج را، که خود در روابط انرژی و تکانهٔ فوتون نیز وارد می‌شود، تعریف کنیم، معضل ما را بیش‌ازپیش تشدید کرد.

درچنین وضعی، صحبت از تحلیل علّی پدیده‌های تابش نمی‌توانست در میان باشد، بلکه تنها مسئلهٔ برآورد احتمال فرایندهای فردی تابش، با استفادهٔ توأم از تصاویر متناقض می‌توانست مطرح باشد. ذکر این توضیح بسیار مهمّ است که در چنین شرایطی توسّل به

۱ A. Einstein, Ann Phys. 17, 132 (1905)

قوانین احتمالات اساساً هدفی جز ملاحظات آماری دارد که همگی به آن آشنا هستیم و چون وسیله‌ای عملی در توضیح نظام‌های مکانیکی با ساختارهای بسیار پیچیده به‌کار می‌گیریم. حقیقت این است که در فیزیک کوانتومی با مشکلاتی از این دست مواجه نیستیم، بلکه این مسئله مطرح است که چارچوب مفاهیم کلاسیک خصلت ویژهٔ تقسیم‌پذیر نبودن و یا «فردیّت» را، که از مشخّصات فرایندهای بنیادی است، نمی‌تواند درخود بگنجاند.
شکست نظریّه‌های فیزیک کلاسیک در توضیح پدیده‌های اتمی با شناخت بیشتر ما دربارهٔ ساختمان اتم، بیش‌ازپیش تشدید شد، و از همه مهم‌تر اینکه *رادرفورد* با کشف هستهٔ اتمی (۱۹۱۱) نشان داد که تا چه حدّ مفاهیم مکانیک و الکترومغناطیس کلاسیک از توضیح پایداری ذاتی اتم ناتوان بود. در اینجا هم نظریّهٔ کوانتومی وسیلهٔ روشن‌کردن این وضع بود و به‌خصوص این امکان را به‌دست داد تا هم پایداری اتم‌ها و هم قوانین تجربی حاکم بر طیف عناصر را بر اساس این فرض توضیح دهیم که هر واکنش اتمی، که به تغییر میزان انرژی اتم بینجامد، مستلزم گذار از دو حالت کوانتومی ماناست، و به‌ویژه طیف‌های اتم در فرایندی پلّه‌ای گسیل می‌شود که در آن هر انتقالی با گسیل کوانتوم نوری تک‌رنگی همراه است که انرژی‌ای معادل با فوتون *اینشتین* دارد.
تجارب *فرانک* و *هرتس* (۱۹۱۴) در تحریک طیف با ضربهٔ الکترون بر اتم، که دلیلی بر تأیید این نظر بود، دلیلی دیگر بر لزوم اعراض از شیوهٔ تشریح علّی معمول ارائه داد، زیرا این تغییر قوانین طیفی به‌وضوح ایجاب می‌کند تا اتم در حالت تحریک‌شده از این امکان عمدتاً باید برخوردار باشد تا انتقال با گسیل فوتون در یکی از حالات با کمترین میزان انرژی صورت گیرد. در حقیقت، حتّی فکر حالت مانا با هر قاعده‌ای ناسازگار است که بخواهد به انتخاب میان چنین انتقال‌هایی بپردازد و جایی برای مفهوم احتمال نسبی فرایندهای منفرد انتقال باز گذارد. برای برآورد این‌گونه احتمالات تنها راهگشای ما اصل موسوم به تناظر بود که خود هنگام جستجوی رابطه‌ای تاحدّامکان نزدیک میان تشریح آماری فرایندهای اتمی و نتایج نظریّه‌های کلاسیک کشف شده بود، که وقتی تأثیرات وارده در میدان عمل درتمامی مراحل تحلیل پدیده بزرگ‌تر از کوانتوم عام کنش باشد، معتبر است.
در آن زمان هنوز نظریّهٔ عمومی کوانتومی‌ای که بی‌تناقض باشد، درنظر نداشتیم. برای اینکه اوضاع و احوالی را که آن زمان بر اندیشهٔ ما حاکم بود، به‌درستی نشان دهیم، شاید

بهتر آن باشد به ذکر قسمتی از سخنرانی‌ای بپردازیم که نگارندهٔ این سطور در سال ۱۹۱۳ ایراد کرد:[۲]

«امیدوارم نظر خود را به‌روشنی توضیح داده باشم تا متوجّه شوید که چقدر تضادّ میان این گفته‌ها و مفاهیم تحسین‌برانگیز و کاملی که به‌حق نظریّهٔ الکترودینامیک کلاسیک نامیده شده است، وجود دارد. همچنین کوشش دارم تا این احساس را در شما نیز برانگیزم که باتحلیل دقیق‌تر این تضادّها، این امکان به‌وجود خواهد آمد تا با گذشت زمان نوعی انسجام در میان افکار جدید به‌وجود آوریم.»

گام مهمّ دیگر در پیشبرد نظریّهٔ کوانتومی را *اینشتین* با نوشتن مقالهٔ مشهور خود دربارهٔ تعادل تابشی در سال ۱۹۱۷[۳] برداشت. وی در مقالهٔ مزبور نشان داد که قانون تابش حرارتی پلانک را می‌توان به‌آسانی از فرضیّاتی استنتاج کرد که با اندیشه‌های بنیانی نظریّه کوانتومی درمورد ساختمان اتمی مطابقت دارد. به‌این منظور، اینشتین دستورات آماری کلّی دربارهٔ وقوع انتقال‌های تابشی میان حالات مانا را صورت‌بندی کرد، با این فرض که نه تنها وقتی اتم در میدان تابش قرار داشته باشد، عمل جذب و گسیل با احتمالی متناسب با شدّت تابش انجام می‌شود، بلکه حتّی در نبود اختلالات خارجی نیز احتمال فرایند گسیل خودبه‌خود با شدّتی انجام می‌گیرد، که سرعتی متناسب با احتمال *پیشینی* مشخّصی دارد. درمورد اخیر، *اینشتین* با تأکیدکردن به مشابهت میان فرض‌های مربوط به وقوع انتقالات تابشی و قوانین به‌درستی شناخته‌شدهٔ تبدیلات به‌خودی‌خود موادّ پرتوزا، خصلت اساسی تشریح آماری را به‌بهترین وجهی نشان داد.

با بررسی عمیق شرایط ترمودینامیکی در مسئلهٔ تابش، اینشتین این معضل را بیش‌ازپیش تشدید کرد. وی چنین استدلال کرد که هر فرایند تابشی، «یک‌جهتی» است، به این معنی که در یک فرایند جذب علاوه بر تکانهٔ فوتون که درجهت انتشار به یک اتم منتقل می‌شود، اتم گسیل‌شده نیز تکانی معادل و در خلاف جهت تکان فوتون می‌گیرد، گرچه در تصوّر موجی، در فرایند گسیل هیچ تقدّمی برای جهتی واحد وجود ندارد. نظر خود اینشتین دربرابر استنتاجی چنین تعجّب‌انگیز را، در بندی در پایان مقالهٔ ذکرشده (صفحه ۱۲۷ و بعد) می‌توان یافت:

«ویژگی‌های فرایندهای بنیادی، وضع نظریّهٔ کوانتومی خاصّ به تابش را اجتناب‌ناپذیر می‌کند. ضعف این نظریّه ازیک‌طرف در اینجاست که ما را به نظریّهٔ موجی نزدیک‌تر نمی‌کند، و ازطرف دیگر، زمان و جهت در فرایندهای بنیادی را به‌دست تصادف می‌سپارد. باوجوداین، من به‌درستی راهی که تاکنون رفته‌ایم، اعتماد کامل دارم.»

---

2 N. Bohr, Fysisk Tidsskrift 12, 97 (1914). (Englishe Fassung in „The Theory of Spectra and Atomic Constitution", Cambridge, University Press, 1922.)

3 A. Einstein, Phys. Zschr. 18, 121 (1917).

هنگامی‌که در سال ۱۹۲۰ در برلین این افتخار بزرگ نصیبم شد تا با *اینشتین* دیدارکنم، این مسائل اساسی موضوع گفتگوهای ما بود. این بحث‌ها، که همواره فکرم متوجّه آن‌هاست، علاوه بر آنکه ما را به تحسین از *اینشتین* برانگیخت، این احساس را نیز در من به‌وجود آورد که *اینشتین* از هر نظری آزاد است که بر پیش‌داوری استوار باشد. دلبستگی او به استفاده از استعاراتی چون «امواج اشباحی است که فوتون‌ها را هدایت می‌کند»، محقّقاً به‌هیچ‌وجه به‌معنای گرایش او به‌استمداد از باطن نبود، بلکه بیشتر نشانگر طبع شوخ او بود. البتّه بین ما اختلاف در نگرش و نحوهٔ برخورد با مسائل باقی ماند. اگرچه او استادانه می‌دانست به تجارب به‌ظاهر متناقض با یکدیگر، بدون اعراض از آرمان علّیّت و پیوستگی، نظم و ترتیب دهد، شاید کمتر از هرکس دیگری راغب بود از این آرمان دست بکشد که برایش تنها امکانی به‌نظر می‌رسید تا بتوان به داده‌های تجربی گوناگون که به‌دنبال تحقیق در پدیده‌های اتمی روزبه‌روز انباشته برهم می‌شد، انتظام دهد.

در سال‌های بعد که توجّه محافل فزایندهٔ فیزیک‌دانان بیشتر به مسائل اتمی جلب می‌شد، تضادّ ظاهری در نظریّهٔ کوانتومی بیش از هروقت دیگر احساس می‌شد. بحث‌هایی که کشف اثر *اشترن–گرلاخ* در سال ۱۹۳۲ برانگیخت، خود نشانه‌ای از این وضع است. این کشف ازطرفی فکر حالات مانا و به‌خصوص نظریّهٔ کوانتومی *زومرفلد* را درمورد اثر *زیمان* قویّاً تأیید می‌کرد؛ ازطرف دیگر، هر اقدام به ارائهٔ تصویری از رفتار اتم در میدان مغناطیسی را – همچنان‌که *اینشتین* و *ارنفست*[4] آن را به‌روشنی نشان دادند – با مشکلاتی مواجه می‌کرد که مرتفع‌شدنی نبود. کشف *کمپتون* در سال ۱۹۲۴ از تغییرات طول موج، که انتشار پرتوهای X از راه الکترون‌ها را به‌همراه دارد، احکام متناقض مشابهی را موجب شد. همچنان‌که می‌دانیم، این پدیده دلیلی مستقیم برصحّت نظر اینشتین دربارهٔ انتقال انرژی و تکانه در فرایندهای تابش بود. این مطلب نیز روشن شد که هیچ تصوّر ساده‌ای از برخورد ذرّه‌ای نمی‌تواند این فرایند را کاملاً تشریح کند. به‌دلیل وجود چنین مشکلاتی، زمانی فرا رسید که حتّی به قانون پایستگی انرژی تکانه در فرایندهای منفرد تابش[5] شک کردیم. تجارب دقیق‌تری که بعداً همبستگی میان انحراف فوتون و عقب‌نشینی متقابل الکترون را به‌روشنی نشان داد، این تردیدها را زدود.

راه روشن‌شدن این وضع را در آغاز نظریّه کوانتومی‌ای هموار کرد که جامع‌تر بود. اوّلین گام دراین جهت را *دوبروی* در سال ۱۹۲۵ برداشت. او پذیرفت که دوگانگی موج–ذرّه تنها

4 A. Einstein und P. Ehrenfest, Zschr. F. Phys. II, 31 (1922)

5 N. Bohr, H. A. Kramers und J. C. Slater, Phil. Mag. 47, 785 (1924); Zschr. F. Phys. 24, 69 (1924)

به ویژگی‌های تابش محدود نمی‌شود و برای فهم ذرّات مادّی نیز ناگزیر به قبول آن هستیم. این فکر را، که تجارب بر روی پدیدهٔ تداخل الکترون به‌طوری رضایت‌بخش کمی بعد تأیید کرد، و سبب شد تا *اینشتین*، که خود مشابهت عمیق میان خصوصیّات تابش حرارتی و گازها در حالت به‌اصطلاح منحط[۶] را درک کرده بود، با خوشحالی بپذیرد. این مسیر فکری جدید را *شرودینگر* (۱۹۲۶) با موفّقیّت هرچه تمام‌تر دنبال کرد. وی به‌ویژه مشخّص کرد که چگونه حالات مانای نظام‌های اتمی را می‌توان با ویژه‌جواب‌های معادلهٔ موج نشان داد. مشابهت صوری میان مسائل مکانیک و نور، که *هامیلتون* پیشتر به آن پی برده بود، راهنمای *شرودینگر* در این کار شد. باوجوداین، جنبه‌های متناقض در نظریّهٔ کوانتومی نه‌تنها به‌هیچ‌وجه تخفیف پیدا نکرد، بلکه آن جنبه‌ها، ازیک‌طرف تضادّ ظاهری میان آنچه اصل کلّی برهم‌نهش ایجاب می‌کرد – اصلی که خود اساس تشریح موجی را تشکیل می‌دهد – و ازطرف دیگر خصوصیّات فردی فرایندهای اتمی بنیادی را تشدید کرد.
در همین سال (۱۹۲۵) *هایزنبرگ*، مکانیک استدلالی‌ای را بنیان نهاد که کارهای مهمّ *بورن، یوردان، و دیراک* به‌سرعت به گسترش آن کمک کرد. دراین نظریّه، نوعی صورت‌گرایی معرّفی شده است که در آن، جای متغیّرهای سینماتیک و دینامیک مکانیک کلاسیک را نمادهای دیگری می‌گیرد که از جبر غیرجابه‌جایی پیروی می‌کند. باوجود اعراض از مسئلهٔ مدارهای اتمی، معادلات بندادی *هامیلتون* در مکانیک، تغییری نمی‌کند و ثابت *پلانک* تنها در رابطهٔ جابه‌جایی

(۲)
$$qp - pq = \sqrt{-1}\,\frac{h}{2\pi}$$

وارد می‌شود، که برای هر مجموعهٔ مزدوج از دو متغیّر p و q برقرار است. با نمایش نمادها با ماتریس‌هایی که عناصر آن‌ها نمایندهٔ حالت‌های ماناست، برای اوّلین‌بار صورت‌بندی کمّی اصل تناظر ممکن شد. لازم به یادآوری است که گام مهمّ در این راه را به‌ویژه *کرامر* با وضع نظریّهٔ کوانتومی پراکندگی برداشت که در آن، از دستورهای کلّی *اینشتین* برای محاسبهٔ احتمال وقوع فرایندهای جذب و گسیل، در ابتدا استفاده شده است.
اندکی بعد، *شرودینگر* ثابت کرد این صورت‌گرایی مکانیک کوانتومی همان نتایجی را به‌دست می‌دهد که با روش‌های نظریّهٔ موجی به‌دست می‌آید که غالباً عبارات ریاضی ساده‌تری دارد. در سال‌های بعد تدریجاً روش‌هایی کلّی برای تشریح اساساً آماریِ

---
6 A. Einstein, Berliner. Ber. 261 (1924) sowie 3 und 18 (1925).

فرایندهای اتمی به‌وجود آمد که توانست ویژگی‌های فردیّت را با آنچه‌که اصل برهم‌نهش ایجاب می‌کرد، بی‌ابهام به یکدیگر پیوند دهد، درحالی‌که هردو به یک اندازه مشخّصهٔ نظریّهٔ کوانتومی است. در میان دستاوردهای این دوره باید به‌خصوص اشاره کنیم که وضع این صورت‌گرایی توانست اصل طرد را، که بر حالات نظام‌های چندالکترونی حاکم است و پیش از پیدایش مکانیک کوانتومی، *پاؤلی* آن را از تحلیل طیف‌های اتمی استنتاج کرده بود، دربرگیرد. جمع کمّی داده‌های تجربی فراوان، جای تردید بر ثمربخشی و کفایت صورت‌گرایی مکانیک کوانتومی باقی نگذاشت، امّا خصلت انتزاعی این صورت‌گرایی، خود احساس نارضایتی وسیعی را برانگیخت. برای روشن‌کردن این وضع می‌بایستی دربارهٔ مسئلهٔ مشاهده در فیزیک اتمی به‌دقّت بحث می‌شد.

چنان‌که می‌دانیم، این مرحله از تکامل فیزیک را *هایزنبرگ* [7] در سال ۱۹۲۷ گشود. او نشان داد که تحصیل شناخت دربارهٔ حالت نظامی اتمی، همواره «عدم‌قطعیّت» خاصّی را دربر دارد. پس تعیین محلّ یک الکترون به‌کمک دستگاه‌های اندازه‌گیری، مثلاً میکروسکوپی که تابش‌های با بسامد زیاد را به‌کار گیرد، بنا بر روابط بنیادی (۱)، با مبادلهٔ تکان بین الکترون و وسیلهٔ اندازه‌گیری همراه است، که هر قدر آن بزرگ‌تر باشد، اندازه‌گیری محلّ الکترون دقیق‌تر انجام شده است. هایزنبرگ از مقایسهٔ این افکار با انتظارات صورت‌گرایی مکانیک کوانتومی نشان داد که رابطهٔ جابه‌جایی (۲) محدودیّت متقابلی را بر تعیین دو متغیّر مزدوج p و q تحمیل می‌کند که با رابطهٔ

(۳)

$$\Delta q \cdot \Delta p \approx h$$

بیان می‌شود و در آن، Δp و Δq عدم‌دقّتی است که در تعیین این متغیّرها به‌تناسب مشخّص شده است. باتوجّه‌به رابطهٔ نزدیک میان تشریح آماری مکانیک کوانتومی و امکانات واقعی اندازه‌گیری، رابطهٔ موسوم به عدم‌قطعیّت ‑ همچنان‌که *هایزنبرگ* آن را نشان داده ‑ اهمّیّت زیادی در توضیح احکام متناقضی دارد که کوشش به تحلیل اثرهای کوانتومی به‌کمک تصوّرات معمول فیزیکی با خود به‌همراه می‌آورد.

این دستاوردهای جدید فیزیک اتمی، در همایش بین‌المللی فیزیک‌دانان در شهر کومو، که در سپتامبر ۱۹۲۷ به یادبود *ولتا* برگذار شد، موضوع بحث بود. در سخنرانی‌ای [8] که من در این همایش ایراد کردم، به دفاع از دیدگاهی پرداختم که می‌توان آن را مفهوم «مکمّلیّت»

7 W. Heisenberg, Z. *Physik*, 43, 172 (1927).
8 Atti del Congresso Internazionale dei Fisici, Como, Septembre 1927 (abgedruckt auch in Nature, 121, 78 and 580, 1928)).

نامید. این مفهوم هم ویژگی‌های مشخّصهٔ فردیّت پدیده‌های کوانتومی را دربر می‌گیرد، هم جنبه‌های ویژه‌ای از مسئلهٔ مشاهده در زمینهٔ تجربی را روشن می‌کند. باتوجّه‌به این هدف، قبول این نکته اهمّیّتی قطعی دارد که *هرقدر پدیده‌ها بخواهد از حوزهٔ تبیین فیزیک کلاسیک فراتر رود، تشریح نتایج باید به زبان مفاهیم کلاسیک باشد.* دلیل این مطلب ساده است. با واژهٔ «تجربه» همهٔ ما به موقعیّتی اشاره می‌کنیم که دربارهٔ آن دیگران را آگاه می‌کنیم که چه یادگرفته‌ایم و چه کار کرده‌ایم. درنتیجه، تشریح آرایش تجربی و نتایج مشاهده باید به‌زبانی بی‌ابهام و با استفادهٔ مناسب از اصطلاحات فیزیک کلاسیک صورت گیرد.

این نکتهٔ مهمّ، که یکی از موضوعات اصلی بحث‌هایی بود که ذیلاً نقل می‌شود، *عدم امکان هر تفکیک دقیقی بین رفتار اشیای اتمی و برهم‌کنش آن‌ها با دستگاه‌های اندازه‌گیری را می‌رساند که به‌منظور تعیین شرایطی به‌کار می‌گیریم که پدیده‌ها ذیل آن‌ها روی می‌دهد.* درحقیقت، فردیّت تأثیرات کوانتومی نوعی، بیان مناسب خود را در شرایطی پیدا می‌کند که در آن، هرتلاشی برای تقسیم یک پدیده به پدیده‌های جزئی‌تر، خواهان تغییر در آرایش تجربی است،که امکان تازه‌ای بر برهم‌کنش میان اجسام و وسایل اندازه‌گیری پدید می‌آورد که اصولاً مهارنشدنی است. درنتیجه، نتایجی که در شرایط مختلف تجربی به‌دست می‌آید، نمی‌تواند در تصویری واحد بگنجد، بلکه باید آن‌ها را، به‌این‌معنی که کلّیّت همهٔ پدیده‌ها، نتایج ممکن دربارهٔ اشیاء را به‌دست می‌دهد، مکمّل یکدیگر دانست.

در چنین شرایطی، نسبت‌دادن خواصّ فیزیکی معمول به اشیای اتمی، ابهامی ذاتی دارد. این ابهام درمورد خواصّ موجی و ذرّه‌ای الکترون‌ها و فوتون‌ها آشکار است. زیرا درمورد الکترون‌ها و فوتون‌ها با تصاویر متضادی سروکار داریم که هریک خود وجهی از تجربه را نمایان می‌کند. نمونهٔ آموزندهٔ دیگری که به‌درستی نشان می‌دهد چگونه می‌توان این تضادهای ظاهری را با بررسی شرایط تجربی، که ذیل آن‌ها پدیده‌های مکمّلی پدیدار می‌شود، زدود، اثر *کمپتون* به‌دست می‌دهد؛ اثری که تشریح بی‌ابهام آن در آغاز مشکلات جدّی‌ای به‌بار آورد. بنا بر این اثر، هر آرایشی که متناسب به مطالعهٔ تبادل انرژی و تکان میان الکترون و فوتون باشد، باید در تشریح فضا–زمانی فرایند، آن‌قدر میدان عملش باز باشد تا بتواند بسامد و عدد موجی‌ای را که دررابطهٔ (۱) وارد می‌شود، معیّن کند. به‌عکس، هر کوششی به‌منظور تعیین دقیق‌تر محلّ برخورد میان فوتون و الکترون – به‌دلیل برهم‌کنش اجتناب‌ناپذیر با ابزارهای اندازه‌گیری طول و زمان که چارچوب مرجع فضا–زمانی را تشکیل می‌دهد – تعیین دقیق‌تر توازن انرژی و تکان را غیرممکن می‌کند.

چنان‌که در این صحبت اشاره شد، صورت‌گرایی مکانیک کوانتومی ابزار مناسبی برای روش تشریح مکمّلی است، زیرا خود گرتهٔ مطلقاً نمادینی است که در چارچوب اصل تناظر تنها پیشگویی‌هایی را دربارهٔ نتایجی ممکن می‌کند که ذیل شرایطی که با مفاهیم کلاسیک تعیین می‌شود، می‌توان به‌دست آورد. لازم به یادآوری است که حتّی در رابطهٔ عدم‌قطعیّت (۳)، با نتیجه‌ای از صورت‌گرایی سروکار داریم که بیان بی‌ابهام کلمات را، که برای تشریح پدیده‌های فیزیک کلاسیک مناسب است، غیرممکن می‌کند. مثلاً در جمله‌ای چون «ما نمی‌توانیم هم تکان و هم مکان یک شیء اتمی را همزمان باهم بدانیم»، بلافاصله سؤالاتی دربارهٔ واقعیّت فیزیکی این دو ویژگی مطرح می‌شود که تنها زمانی می‌تواند جوابی بیابد که ازطرفی به شرایط لازم بر استفادهٔ روشن مفاهیم فضا–زمانی، و ازطرف دیگر به قوانین دینامیک بقاءِ رجوع کنیم. درحالی‌که ترکیب این مفاهیم در تصویری واحد از زنجیره‌ای علّی از رویدادها، که جوهرهٔ مکانیک کلاسیک است، راه را برای قانون‌مندی‌هایی باز می‌گذارد که تشریح علّی را نمی‌تواند دربرگیرد، مطالعهٔ پدیده‌های مکمّلی به آرایش‌های تجربی‌ای نیاز دارد که یکی متباین با دیگری است.

لزوم تجدیدنظر در مبانی‌ای که در فیزیک اتمی استفادهٔ مجاز از مفاهیم سادهٔ فیزیکی باید بر آن‌ها استوار باشد، از جهاتی یادآور موقعیّتی است که *اینشتین* را در ابتدا به تجدیدنظر دراساس هر کاربردی از مفاهیم فضا–زمانی واداشت، که خود، با تکیه بر اهمّیّت اساسی مسئلهٔ مشاهده، به فهم ما از جهان چنین یکپارچگی‌ای بخشید. هرچه بدعت این فکر باشد، نظریّهٔ نسبیّت تشریح علّی را در هر چارچوب مرجعی حفظ می‌کند، درحالی‌که در نظریّه کوانتومی برهم‌کنش مهارنشدنی بین اشیای اتمی و ابزارهای اندازه‌گیری ما را ناگزیر به روی‌گردانی از تشریح علّی می‌کند. این امر به‌هیچ‌وجه محدودیّتی بر دامنهٔ تشریح مکانیک کوانتومی اعمال نمی‌کند. در اینجا قصدم این است که نشان دهم — همچنان‌که در صحبتم در «کُومُو» همین دلایل را ارائه دادم — دیدگاه مکمّلی را باید چون تعمیمی منطقی از آرمان علّیّت دانست.

در جلسهٔ بحث‌های عمومی در کُومو، جای *اینشتین* در میان ما خالی بود. امّا اندکی بعد در اکتبر ۱۹۲۷، این فرصت را پیدا کردم تا در پنجمین نشست فیزیک مؤسّسهٔ سولوی در بروکسل، که به موضوع «الکترون و فوتون» اختصاص داده شده بود، با او ملاقات کنم. در نشست‌های سولوای، اینشتین از همان ابتدا از سرشناس‌ترین چهره‌ها بود و شرکت بسیاری از ما در این نشست به‌سبب این بود تا عکس‌العمل اینشتین را دربرابر پیشرفت‌هایی ببینیم که به گمان ما مسائلی را روشن کرده بود که خود اینشتین در آغاز تیزهوشانه مطرح کرده بود. در جریان بحث‌ها، این موضوع با کارهایی که ارائه شده بود، از جوانب مختلف،

و دلایلی هم که در بالا ارائه دادیم، ازنو بررسی شد، امّا اینشتین هم نگرانی عمیق خود را از اینکه در مکانیک کوانتومی از تشریح علّی در مکان و زمان فاصلهٔ زیادی گرفته‌ایم، ابراز داشت.

اینشتین مثال سادهٔ زیر را که در شکل (۱) نمایش داده شده است، در یکی از جلسات[۹] برای روشن‌کردن نظر خود ارائه داد. فرض کنیم ذرّه‌ای (الکترون یا فوتون) از روزنه یا شکاف تنگی در پرده‌ای که به فاصلهٔ معیّنی درمقابل صفحهٔ عکّاسی قرار داده‌ایم، عبور کند. پیش‌بینی قطعی اینکه الکترون در چه نقطه‌ای به صفحهٔ عکّاسی برخورد می‌کند، به‌دلیل پراش موج، که به حرکت ذرّه مرتبط است، و در شکل با خطوط باریک نشان داده شده، در چنین شرایطی ممکن نیست. در اینجا تنها می‌توانیم این احتمال را حساب کنیم که الکترون در آزمایشی در قسمت مشخّصی از صفحه باشد. دشواری ظاهری‌ای که در این تشریح مطرح بود و *اینشتین* خود عمیقاً آن را حس کرده بود، این است که اگر در تجربه‌ای الکترون در نقطهٔ A به صفحه برخورد کند، مشاهدهٔ اثر الکترون در نقطهٔ دیگری مانند B برروی صفحه برای همیشه منتفی است، درحالی‌که در قوانین معمول انتشار امواج، جایی برای وجود رابطه‌ای بین این دو رویداد نیست.

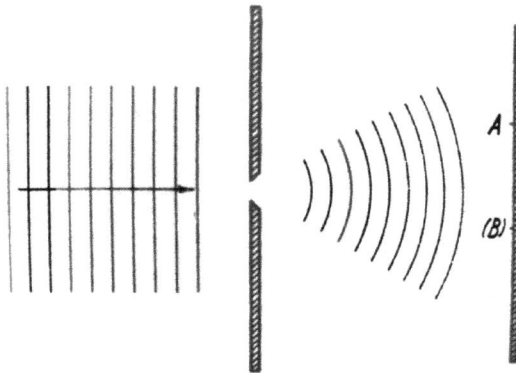

شکل (۱)

نظر *اینشتین* بحث‌های آتشینی در میان جمع کوچکی برافروخت که در آن ارنفست هم، که با هریک از ما سابقهٔ دوستی دیرینه داشت، فعّالانه و سودمندانه شرکت داشت. بدیهی است که همگی ما بر این نکته توافق داشتیم که مثال بالا هیچ وجه‌تشابهی با کاربرد

9 Institut International de Physique Solvay, Rapport et discussions du 5e Conseil, Paris 1928, 253ff.

آماری در مطالعهٔ سیستم‌های مکانیکی پیچیده ندارد. مورد بالا بیشتر یادآور اصولی بود که اینشتین خود پیشتر درمورد خصلت تک‌جهتی اثرهای منفرد تابش – که در تضادّ روشن با تصوّر موجی ساده بود – استنتاج کرده بود (به صفحهٔ ۳۶ نگاه کنید). بحث‌ها نتیجتاً بر این مسئله متمرکز بود که آیا شیوهٔ تشریح در مکانیک کوانتومی، از همهٔ امکانات خود برای رسیدگی به پدیده‌های مشاهده‌شدنی استفاده کرده است، یا آن‌طورکه اینشتین مدّعی بود، این تحلیل را می‌توان فراتر برد تا بتوان به تشریح کامل‌تر این پدیده‌ها، با درنظرگرفتن ترازنامهٔ دقیق انرژی و تکان در فرایندهای منفرد، دست‌یافت.

برای آنکه بتوانیم تسلسل دلایل اینشتین را روشن کنیم، به چند خصوصیّت سادهٔ ترازنامهٔ انرژی و تکان دربارهٔ تعیین محلّ ذرّه در زمان و مکان توجّه می‌کنیم. برای این منظور، ذرّه‌ای را بررسی می‌کنیم که از منفذی بر روی حایلی عبور می‌کند که یا همیشه باز است شکل ۲ (الف) و یا کشویی آن را باز و بسته می‌کند شکل ۲ (ب). خطوط موازی با فاصلهٔ مساوی از هم در سمت چپ دو شکل ۲ (الف) و ۲ (ب) مسیر عبور یک دسته‌موج مسطّح است. این مسیر وضعیّت حرکت ذرّه‌ای را نشان می‌دهد که قبل‌از رسیدن به حایل تکان p را دارد و رابطهٔ آن با عدد موج σ، از دومین معادلهٔ (۱) به‌دست می‌آید. وضع حرکتی ذرّه در سمت راست صفحه، به‌دلیل پراش امواج به هنگام عبور از منفذ با یک دسته‌موج کروی با دهانه ϑ ، و درمورد شکل ۲ (ب) با دسته‌موج‌هایی با گسترش شعاعی محدود نشان داده است. تشریح این وضع ازطرفی آزادی عمل Δp، مؤلّفهٔ موازی با حایل برای تکان ذرّه، و ازطرف‌دیگر درمورد حایل کشودار، آزادی عمل ΔE ، یعنی انرژی جنبشی را دربر دارد.

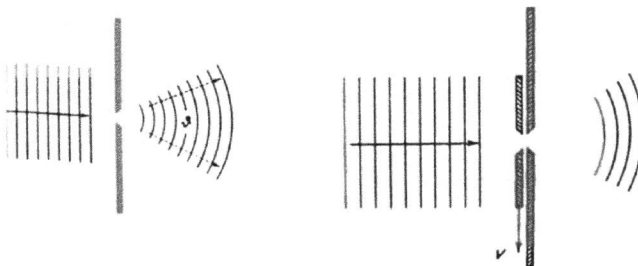

شکل ۲ (الف)

شکل ۲ (ب)

ازآنجاکه عدم‌دقّت Δq در تعیین محلّ ذرّه در صفحهٔ حایل در شعاع aیِ منفذ مفروض است و چون $\vartheta \approx 1/\sigma a$ است، با استفاده از (۱) نتیجه می‌شود که:

$\Delta p \approx \vartheta p \approx h/\Delta q$ رابطه‌ای که خود با رابطهٔ عدم‌قطعیّت (۳) مطابقت می‌کند. بدیهی است که این نتیجه را می‌توان به‌دلیل گسترش محدود میدان موج در سطح شکاف، باتوجّه‌به اینکه مؤلّفهٔ عدد موج موازی با سطح حایل، دارای آزادی عمل $\Delta\sigma \approx 1/a \approx 1/\Delta q$ است، نیز به‌دست آورد. همچنین گسترهٔ توزیع بسامدهای مؤلّفه‌های هماهنگ در قطار موج محدود شکل ۲ (ب)، برابر با $\Delta V \approx 1/\Delta T$ است، به‌طوری که در این رابطه فاصلهٔ زمانی بازماندن کشو و نتیجتاً آزادی عمل زمانی ذرّه در لحظهٔ عبور از منفذ است. از رابطهٔ (۱) نتیجه می‌شود:

(۴)

$$\Delta E \cdot \Delta t \approx h$$

رابطه‌ای‌که میان دو متغیّر مزدوج E و t وجود دارد با رابطهٔ (۳) مطابقت دارد.
از دیدگاه قوانین پایستگی می‌توان منشاء این عدم‌قطعیّت در تشریح وضع ذرّه پس از عبور از منفذ را به امکان مبادلهٔ انرژی و تکان ذرّه با حایل یا کشو مرتبط کرد. در دو وضع شکل‌های ۲ (الف) و ۲ (ب) می‌توان از سرعت حایل صرف‌نظر کرد و تنها تبادل تکان میان ذرّه و حایل را در محاسبات وارد کرد. کشو که منفذ را در زمان Δt باز نگاه می‌دارد، با سرعت زیاد $\upsilon \approx a/\Delta t$ حرکت می‌کند و نتیجتاً انتقال تکان Δp، تبادل انرژی

$$\upsilon \Delta p \approx \frac{\Delta q \Delta p}{\Delta t} \approx \frac{h}{\Delta t}$$

را با ذرّه موجب می‌شود که مانند آزادی عمل ΔE در رابطهٔ (۴) از همان مرتبهٔ بزرگی است و شرایط پایستگی تکان و انرژی را ممکن می‌کند.
اینشتین این مسئله را مطرح کرد که تاچه‌حدّ مهار انتقال تکان و انرژی، که در تعیین محلّ ذرّه در فضا و زمان وارد می‌شود، می‌تواند وضع ذرّه را پس از عبور از شکاف مشخّص کند. باید درنظر داشته باشیم که تاکنون فرض بر این بوده است که محلّ حرکت حایل و کشو با دستگاه مرجع فضا–زمانی دقیقاً هماهنگ بوده است. نتیجهٔ این فرض، به آزادی عمل درمورد تکان و انرژی دلالت دارد که برای تشریح وضعیّت این اجسام ضروری است. مسلّم است که اگر حایل و کشو سنگین باشد، آزادی عمل آن‌ها بر سرعت تأثیر محسوسی ندارد. امّا همین‌که بخواهیم انرژی و تکان قطعات این دستگاه اندازه‌گیری را با دقّتی بشناسیم که برای مهار تبادل تکان و انرژی ذرّهٔ مورد مطالعه کفایت کند، بنابر روابط کلّی عدم‌قطعیّت، امکان تعیین محلّ دقیق آن‌ها در مکان و زمان را از دست خواهیم داد. نتیجتاً باید بررسی کنیم که این وضع تاچه‌حدّ برنوعِ استفادهٔ ما از این دستگاه اثر می‌گذارد. به‌زودی

خواهیم دید که همین نکتهٔ مهمّ است که خصلت مکمّلی پدیده‌ها را به‌روشنی آشکار می‌کند.
لحظه‌ای به‌دستگاه سادهٔ شکل (۱) بازمی‌گردیم که هنوز استفاده‌ای را که از آن منظور داریم بیان نکرده‌ایم. حقیقت این است که تنها به‌دلیل این فرض که محلّ حایل و صفحه به‌دقّت در مکان تعیین شده است، این امکان وجود ندارد تا بتوانیم در چارچوب صورت‌گرایی مکانیک کوانتومی نقطه‌ای را که ذرّه با صفحهٔ عکّاسی برخورد می‌کند به‌دقّت پیش‌بینی کنیم. باوجوداین، اگر آزادی عمل نسبتاً بزرگی را در تعیین محلّ حایل بپذیریم، اصولاً باید امکان مهار تکانی که به آن منتقل شده است نیز ممکن باشد، و به‌این‌ترتیب بتوان پیش‌بینی‌های دقیق‌تری را دربارهٔ مسیری که الکترون از شکاف تا محلّ برخوردش با صفحه طیّ می‌کند، انجام داد. در اینجا ازنظر تشریح مکانیک کوانتومی با نظامی مرکّب از دو جسم سروکار داریم: ذرّه و حایل. در اثر *کمپتون* هم دقیقاً سروکار ما با اعمال مستقیم قوانین پایستگی به چنین نظامی است که در آن مثلاً با استفاده از مشاهدهٔ عقب‌نشینی الکترون در اتاقک ابر، این امکان را، که فوتون پراکنده‌شده سرانجام در چه جهتی مشاهده‌شدنی است، به‌دست می‌آوریم.
اهمّیّت چنین نکاتی زمانی روشن شد که آزمایش با دستگاه دیگری انجام گرفته بود که حایلی با دو شکاف موازی در آن، میان صفحهٔ عکّاسی و حایل شیاردار قرار داده شده بود. وقتی یک باریکهٔ موازی الکترون (یا فوتون)، از سمت چپ حایل اوّل فرود بیاید، در شرایط معمول اشکال ناشی از تداخل را برروی صفحهٔ عکّاسی می‌توان دید که در سمت راست شکل، نمای روبروی آن با خطوط سایه روشن نشان داده شده است. برای تابش‌های شدید، این شکل ناشی از تراکم تعداد زیادی از فرایندهای منفرد است که هریک نقطهٔ سیاهی برروی صفحه ایجاد می‌کند و توزیع این نقاط از قانون ساده‌ای پیروی می‌کند که از تحلیل موجی استنتاج‌شدنی است. همین توزیع را می‌توان با آمارگیری از آزمایش‌های فراوانی که انجام می‌دهیم، به‌دست آورد که در آن‌ها شدّت باریکهٔ الکترون آن‌قدر کم باشد که در هربار باز و بسته‌شدن کشو یک الکترون یا فوتون به صفحهٔ عکّاسی برسد، که نقطهٔ برخورد آن با صفحه در شکل با ستارهٔ کوچکی نشان داده شده است. چنان‌که پیکان‌های نقطه‌چین نشان می‌دهد، تکانی که به حایل اوّل منتقل می‌شود، به این فرض که الکترون از کدام شکاف صفحهٔ دوّم عبور می‌کند، بستگی دارد. به‌همین‌سبب، *اینشتین* نظرش این بود که با مهار انتقال تکان شاید بتوان تحلیل دقیق‌تر پدیده را به‌دست داد و به‌خصوص این امکان فراهم شود تا بتوان تصمیم گرفت که الکترون، پیش از رسیدن به صفحه، از کدام یک از دو منفذ عبور کرده است. بررسی‌های دقیق‌تر نشان داد که مهار انتقال تکان مورد نظر

اینشتین، عدم‌دقّتی درمورد محلّ حایل با خود به‌همراه می‌آورد که مانع از پیدایش پدیدهٔ
تداخل موردسؤال می‌شود. اگر w زاویهٔ کوچک میان مسیرهای فرضی ذرّه‌ای باشد که از
شیار بالایی یا پایینی عبور می‌کند، اختلاف تکان‌های انتقال‌یافته در این دو حالت بنابر
رابطهٔ (۱) برابر با hσw خواهد بود، و هر تلاشی برای مهار تکان حایل، بادقّتی کافی در
اندازه‌گیری این اختلاف، باید بنابر رابطهٔ عدم‌قطعیّت با عدم‌دقّت حدّاقلّی معادل ۱/σw
درمورد محلّ حایل همراه باشد. اگر حایل دو شیاره به فاصلهٔ مساوی از حایل اوّل و صفحهٔ
عکّاسی قرار گرفته باشد، شکل ۳، می‌توان دید که تعداد فریزها در

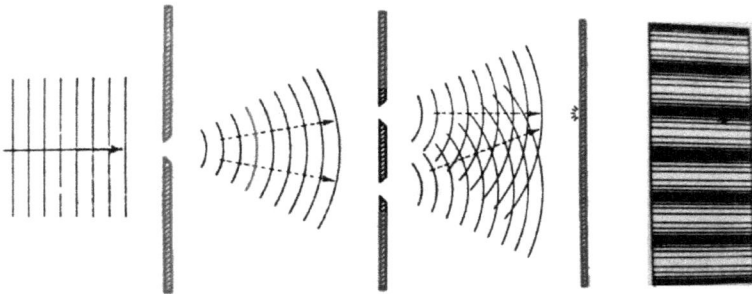

شکل ۳

واحد طول مساوی با σw خواهد بود. امّا ازآنجاکه عدم‌دقّتی به‌مقدار ۱/σw درمورد موقعیّت
حایل اوّل، باعث به‌وجودآمدن عدم‌دقّتی به‌همان مقدار درمورد موقعیّت فریزها می‌شود،
نتیجتاً هر اثر تداخلی محدود خواهد شد. همین نتایج را می‌توان با تغییر محلّ حایل دوم،
میان حایل اوّل و صفحهٔ عکّاسی به‌دست آورد. نتایج باز هم یکسان خواهد بود، اگر به‌جای
حایل اوّل یکی از سه جسمی را که در بالا ذکر کردیم، به‌منظور مهار انتقال تکان به‌کار
گیریم.

این نکته پیامد منطقی زیادی دارد، زیرا تنها در این وضع است که دربرابر انتخاب میان
دنبال‌کردن مسیر ذرّه و یا مشاهدهٔ اثرهای ناشی از تداخل قرار می‌گیریم و این امکان را
می‌یابیم تا لزوماً از نتایج متناقضی بگریزیم، که بنابر آن‌ها رفتار الکترون یا فوتون بستگی
به‌وجود شیاری در حایل دارد که عبورنکردن آن الکترون یا فوتون را از راه آن شیار می‌توان
اثبات کرد. در اینجا با نمونهٔ بارزی سروکار داریم که در آن پدیده‌های مکمّلی در شرایط
تجربی مانعةالجمع با یکدیگر پدیدار می‌شود (به صفحهٔ ۴۲ نگاه کنید). همین مورد
نمونه‌ای است بر این که تحلیل اثرهای کوانتومی در تعیینِ حدّ فاصل روشن میان رفتار

مستقلّ اشیای اتمی و برهم‌کنش آن‌ها با دستگاه‌های اندازه‌گیری، که از آن‌ها برای تعیین شرایطی که ذیل آن‌ها پدیده رخ می‌دهد بهره می‌گیریم، غیرممکن است.

بحث‌های ما برسر موضع‌گیری دربرابر وجود وضعیّتی کاملاً جدید در تجزیه و تحلیل این تجارب، طبیعتاً با اندیشه‌های فلسفی هم از جوانب مختلف تماس پیدا می‌کرد؛ امّا با وجود اختلاف آرا و عقاید، همگی بحث‌ها آمیخته به روحیّهٔ شوخی و بذله‌گویی بود. اینشتین به نوبهٔ خود با تمسخر از ما سؤال کرد که آیا حقیقتاً می‌توان باور داشت که قدرت‌های الهی به بازی با تاس پناه برده باشند («...آیا خدا تاس می اندازد؟ »). در جواب این سؤال چنین پاسخ دادم که باید در نسبت‌دادن صفات متداول در زبان روزانه به مشیّت الهی بسیار محتاط بود، همچنان‌که متفکّرین گذشتهٔ ما نیز چنین توصیه کرده‌اند. به‌خاطر دارم که *ارنفست* در اوج بحث به شیوهٔ دوست‌داشتنی خود در شوخی با دوستانش، مشابهت ظاهری میان نظر اینشتین و مخالفین نظریّهٔ نسبیّت را یادآور شد، امّا همان‌جا این را هم افزود که آرامش روحی را تنها وقتی می‌یابد که با نظر *اینشتین* موافق باشد.

تأملات و انتقادات اینشتین این انگیزه را در ما برانگیخت که وجوه مختلف وضعیّتی را که در تشریح پدیده‌های اتمی به‌وجود آمده بود، از نو بررسی کنیم. برای من فرصتی میمون بود تا به اهمیّت دستگاه‌های اندازه‌گیری بیشتر اشاره کنم و برای آنکه مباینت در خصلت شرایط تجربی را که در آن‌ها پدیده‌های مکمّلی به وقوع می‌پیوندد، تاحدّ ممکن به‌روشنی نشان دهم، کوشش کردم طرحی به شیوهٔ غیرواقع از دستگاه‌های مختلف ارائه دهم که چند نمونه از آن‌ها را ذکر خواهم کرد. به‌منظور مطالعهٔ پدیدهٔ تداخل به‌گونه‌ای که در شکل ۳ از آن یاد کردیم، طرح آزمایشی را، که در شکل ۴ نشان داده شده، درنظر گرفتم. در این شکل، قطعاتی که حایل‌ها و صفحهٔ عکّاسی را نگاه می‌دارد، همگی بر روی پایهٔ مشترکی محکم پیچ شده است. در چنین دستگاهی، که در آن محلّ نسبی قرارگرفتن حایل و صفحهٔ عکّاسی با یک اتّصال مطمئن محکم شده است، روشن است که مهار تکان مبادله‌شده بین ذرّه و قطعات مجزّایِ دستگاه ممکن نیست. تنها راه، برای اینکه اطمینان بیابیم که ذرّه از یکی از دو شکاف حایل دوّم عبور کرده، این است که یکی از آن دو را با کشویی — همچنان‌که در شکل نشان داده شده — مسدود کنیم. طبیعی است درصورتی‌که شکاف بسته باشد، دیگر اثری از تداخل نمی‌تواند در میان باشد و تنها بر روی صفحه توزیعی پیوسته مانند مورد با یک حایل در شکل ۱ را می‌توان دید.

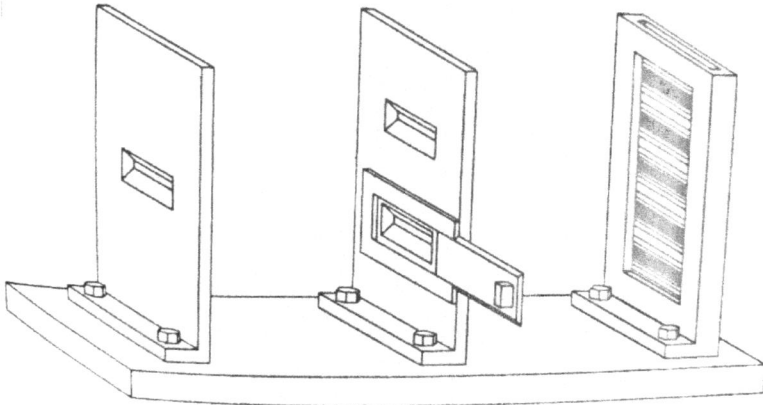

شکل ۴

در مطالعهٔ پدیده‌هایی که در آن‌ها با ترازنامهٔ دقیق تکان سروکار داریم، واضح است که باید برخی از قطعات دستگاه بتواند مستقلّ از دیگر قطعات آزادانه حرکت کند. در شکل ۵ چنین دستگاهی نشان داده شده است که در آن، یک حایل شیاردار با فنرهای ظریفی به چارچوب ثابتی آویزان شده که خود به پایه‌ای پیچ شده است و دیگر قطعات غیر متحرک نیز به آن متّصل شده است. به‌کمک خط‌کشی که برروی حایل نصب شده و عقربه‌ای که متّصل به یکی از پایه‌های چارچوب است، می‌توان حرکت حایل را مشاهده کرد؛ امری که در اندازه‌گیری تکان واردشده بر حایل ضروری است.

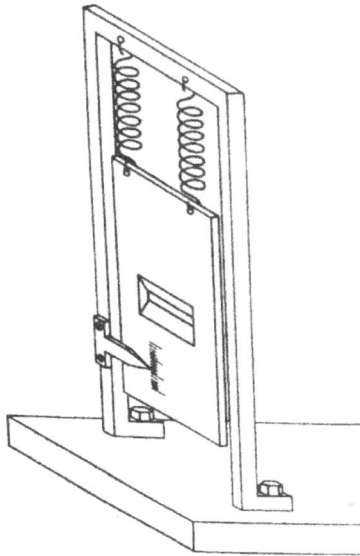

شکل ۵

با این اندازه‌گیری می‌توان میزان پراشی را که ذرّه به هنگام عبور از شیار متحمّل می‌شود، استنتاج کرد. امّا ازآنجایی‌که خواندن درجه‌بندی خط‌کشی نصب‌شده بر روی حایل — به هرشیوه‌ای که باشد — موجب تغییری مهارنشدنی در تکان حایل می‌شود، بنا بر اصل عدم‌قطعیّت، همواره رابطهٔ متقابلی میان شناخت ما از محلّ شیار و دقّت در مهار تکان وجود دارد.

شکل ۶ به‌شیوه‌ای نیمه‌جدّی قسمتی از یک آرایش تجربی را نشان می‌دهد که برخلاف پدیده‌هایی که تاکنون دربارهٔ آن‌ها بحث شده است، مختصّات زمانی در آن‌ها مستقیماً ملحوظ است. این آرایش تجربی شامل یک کشو است، که محکم به یک ساعت متّصل شده است. این دو و یک حایل روی پایه‌ای قرار گرفته است که قطعات دیگری باید با همین مشخّصات روی آن قرار گیرد. این قطعات می‌تواند با همین ساعت تنظیم شود یا با ساعت دیگری که با ساعت اوّلی تنظیم شده باشد. هدف اصلی از این شکل یادآوری این واقعیّت است که ساعت دستگاهی مکانیکی است که طرز کارش را می‌توان به‌کمک علم مکانیک موجود کاملاً تشریح کرد و مطمئن شد که نه خواندن محلّ عقربه‌ها بر آن تأثیر دارد، نه برهم‌کنش میان قطعات آن با ذرّهٔ اتمی. ازآنجاکه چنین دستگاهی می‌تواند بازشدن منفذ را در یک لحظهٔ معیّن ممکن کند، می‌توان از آن مثلاً در اندازه‌گیری زمانی که یک

الکترون یا فوتون احتیاج دارد تا از حایل به نقطهٔ دیگری برود، استفاده کرد. بدیهی است که این دستگاه امکان اندازه‌گیری انرژی انتقال یافته به کشو را، به‌منظور استخراج نتایج مربوط به انرژی ذرّه‌ای که از حایل عبور کرده است، به‌دست نمی‌دهد. درصورتی‌که به این نتایج علاقه‌مند باشیم، روشن است که باید آرایش تجربی‌ای به‌کار گیریم که در آن کشوها دیگر به جای ساعت دقیق به‌کار نمی‌رود، بلکه در آن، شناخت لحظهٔ بازشدن منفذ، آزادی عملی را تأمین می‌کند که بادقّت در اندازه‌گیری انرژی با استفاده از رابطهٔ کلّی (۴) مرتبط است.

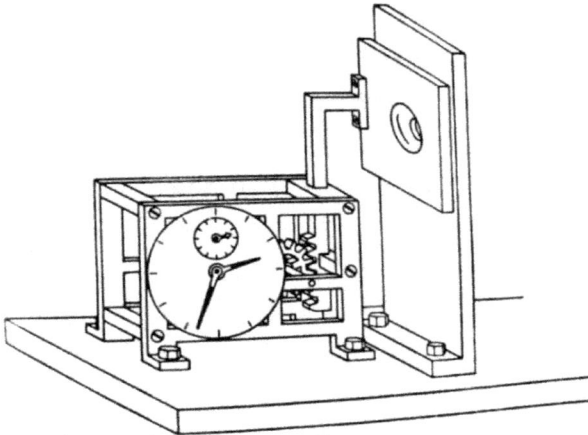

شکل ۶

ملاحظهٔ دستگاه‌هایی که ساخت آن‌ها در عمل کم‌وبیش ممکن و استفاده از آن‌ها نیز خیالی بود، ازآنجاکه توجّه ما را به ویژگی اساسی مسائل معطوف می‌کرد، برایمان بسیار سودمند بود. نکتهٔ اساسی در اینجا تمیز میان *اشیای* موردتحقیق و *دستگاه‌های اندازه‌گیری‌ای* است که براساس مفاهیم فیزیک کلاسیک شرایطی را تعیین می‌کند که ذیل آن‌ها پدیده روی می‌دهد. در اینجا این را هم یادآوری می‌کنیم که دشواری و یا حتّی عدم امکان اجرای آزمایش‌هایی که اندازه‌گیری دقیق انتقال تکان و یا انرژی از ذرّات اتمی به اجسام سنگین، چون کشو یا حایل را، درنظر داشته باشد، به‌هیچ‌وجه بر تبیین ملاحظات پیشین اثری ندارد. آنچه اهمّیّت دارد این است که در این موارد، برخلاف دستگاه‌های اندازه‌گیری معمول، این اجسام با ذرّات اتمی نظامی را می‌سازد که به آن باید صورت‌گرایی مکانیک کوانتومی را اعمال کرد. به‌علاوه، برای مشخّص کردن شرایطی که در آن این صورت‌گرایی اعمال‌شدنی است، لازم است *به کلّ آرایش تجربی* توجّه شود. واردکردن

قطعات جدید در این آرایش تجربی، مثل قراردادن یک آینه در مسیر ذرّه، درواقع اثرهای تداخلی جدیدی را موجب می‌شود که به پیش‌بینی‌های ما درمورد نتایج نهایی به طرز محسوسی تأثیر می‌گذارد.

مثال زیر که اینشتین خود به‌موقع توجّه ما را به آن کشاند و کراراً به آن اشاره می‌کرد، به‌بهترین وجهی نشان داد که عدم امکان تقسیم به جزء پدیده‌های اتمی تا چه حدّ چشم‌پوشی از نمایاندن پدیده‌های اتمی را به ما تحمیل می‌کند. اگر یک آینهٔ نیمه‌باز تابان را در مسیر فوتون قرار دهیم و به‌این‌ترتیب به آن فقط امکان انتشار در دو جهت را بدهیم، فوتون را می‌توان تنها و تنها برروی یکی از دو صفحهٔ عکّاسی، که در فاصلهٔ زیاد از یکدیگر و در دو جهت موردبحث قرار دارد، ثبت کرد. امّا با تعویض صفحه‌ها با آینه، می‌توان اثرهایی را مشاهده کرد که پدیدهٔ تداخل را میان دو قطار موج بازتاب‌شده به‌روشنی نشان می‌دهد. پس نتیجه می‌شود که برای نشان‌دادن واضح رفتار فوتون با اشکالاتی مواجه خواهیم شد؛ مثلاً ناگزیریم بگوییم فوتون ازطرفی همواره یکی از دو راه را انتخاب می‌کند، و ازطرف دیگر بگوییم فوتون رفتارش آن چنان است که گویی *هردو* راه را پیموده است.

دلایلی از این نوع است که به‌درستی عدم امکان تقسیم به جزء پدیده‌های کوانتومی و ابهام در نسبت‌دادن خواصّ فیزیکی معمول به اشیای اتمی را نشان می‌دهد. به‌خصوص باید توجّه داشت که در کنار تشریح فضا–زمانی ابزارهایی که وسیلهٔ تجربی را تشکیل می‌دهد، هر کاربردی از مفاهیم فضا–زمانی در تشریح پدیده‌های اتمی، به ثبت مشاهدات مربوط به علایم بر روی صفحهٔ عکّاسی، یا شبیه به آن، و یا ثبت اثرهایی که تشدید شده و عملاً برگشت‌ناپذیر است، مانند تشکیل قطرهٔ آب بر روی یک یون در اتاقک ابر، محدود می‌شود. امّا باوجود اینکه طبیعتاً وجود کوانتوم کنش مسئول خواصّ مصالحی است که با آن‌ها دستگاه‌های اندازه‌گیری ساخته شده است و طرز کار دستگاه‌های ثبت به آن‌ها بستگی دارد، چنین وضعی دراین سؤال، که آیا تشریح به‌کمک مکانیک کوانتومی تکافو می‌کند یا کامل است، در بحث ما هیچ‌گونه اهمیّتی ندارد.

دربارهٔ این مسائل در نشست سولوی،[10] در جلسه‌ای که اینشتین انتقادات کلّی خود را مطرح کرد، از جهات مختلف با موفّقیت بحث شد. در همین فرصت بحث گیرای دیگری هم مطرح شد که چگونه باید درمورد پدیده‌هایی صحبت کرد که تنها ازنظر آماری پیش‌بینی‌شدنی است. موضوع این بود که ببینیم آیا باید به هنگام بروز اثرهای منفرد، اصطلاحات پیشنهادی *دیراک* را به‌کار گرفت، که بنابر آن‌ها ما با انتخابی از جانب

10 Ibid., 248ff.

«طبیعت» سروکار داریم، یا همچنان‌که *هایزنبرگ* پیشنهاد کرد، با انتخاب «ناظری» که خود دستگاه‌های اندازه‌گیری را می‌سازد و نتایج ثبت شده را می‌خواند. در به‌کارگیری هریک از این دو اصطلاح جای شکّ وجود دارد، زیرا ازطرفی نسبت‌دادن اراده، به مفهومِ معمولِ آن، به طبیعت، غیرمنطقی است و ازطرف دیگر ناظر نمی‌تواند هیچ‌گونه تأثیری بر روی وقایعی بگذارد که در شرایطی که او تمهید کرده، روی می‌دهد. من شخصاً تصوّر می‌کنم فقط یک راه‌حلّ وجود دارد: باید پذیرفت که در این حوزهٔ تجربی با پدیده‌های منفرد سروکار داریم و امکانات ما در نحوهٔ استفاده از ابزارهای اندازه‌گیری به ما این اختیار را می‌دهد تا میان پدیده‌های مختلف، که مکمّل یکدیگر است، فقط یکی را انتخاب کنیم.

در مقاله‌ای که من در یکی از شماره‌های مجلّهٔ *«علم»* به‌مناسبت هفتادمین سالگرد تولّد *پلانک* در سال ۱۹۲۹ نوشتم، دربارهٔ مسائل معرفت‌شناختی‌ای که در بالا به آن‌ها اشاره کردیم، مفصلاً بحث شد. این نوشته مقایسه‌ای هم دربر داشت؛ مقایسه‌ای بین نتایج حاصله از کشف کوانتوم عام کنش و پیشرفت‌هایی که از کشف *اینشتین* از سرعت محدود نور در اصول بنیادی تشریح طبیعت با گستره‌ای وسیع به بار آورده بود. نظریّهٔ نسبیّت با تأکید بر اینکه تمامی پدیده‌ها به نظام مرجع وابسته است، راه تازهٔ دستیابی به قوانین کلّی فیزیک در حوزه‌های متفاوت باهم را باز کرد. من چنین استدلال می‌کردم که در نظریّهٔ کوانتومی، فهم منطقی قوانین اساسی‌ای که تاکنون بر ما شناخته نشده است و بر پدیده‌های اتمی حاکم است، به این شناخت می‌انجامد که تمیز روشن میان رفتار مستقلّ اشیاء و برهم‌کنش آن‌ها با دستگاه‌های اندازه‌گیری، که نظام مرجع را تعیین می‌کند، غیرممکن است.

به‌این‌ترتیب، مکانیک کوانتومی ما را در موقعیّتی کاملاً جدید در فیزیک قرار می‌دهد. من به این نکته هم اشاره کردم که مشابهتی بسیار نزدیک میان این موقعیّت و موقعیّتی است که به تحلیل و ترکیب تجاربی مرتبط می‌شود که در دیگر حوزه‌های شناخت بشری به چشم می‌خورد. چنان‌که می‌دانیم بسیاری از دشواری‌های موجود در روان‌شناسی از این واقعیّت نشأت می‌گیرد که به هنگام تحلیل وجوه مختلف تجارب فکری، می‌توان حدّ فاصل میان عین و ذهن را به طرق مختلف تعیین کرد. واژه‌هایی چون «فکر» و «احساس»، که در واقع برای تشریح محدوده و غنای زندگی آگاه ضروری است، ما آن‌ها را، مانند مختصّات فضا–زمانی و قوانین دینامیک پایستگی در فیزیک اتمی، به معنی مفاهیمی مکمّل یکدیگر به‌کار می‌گیریم. صورت‌بندی دقیق این مشابهت‌ها مسلّماً با پیچیدگی‌های لغوی همراه خواهد بود. مؤلّف شاید نظر خود را به‌بهترین وجهی در بندی از مقاله‌ای بیان کرده باشد، که در آن، به سعی در تعریف دقیق یک واژه ازطرفی، و معنی دقیق آن در عمل ازطرف دیگر، و مغایرت میان آن دو اشاره می‌کند. هدف اصلی این ملاحظات — که امید به تأثیر

بر نظر *اینشتین* آن‌ها را نپرورانده بود — این بود تا توجّه خود را به این امکان معطوف کنیم که برخی از مسائل معرفت‌شناختی کلّی را می‌توان باتوجّه‌به تعلیمات به‌دست‌آمده از مطالعهٔ واقعیّات جدید تجربهٔ فیزیکی، روشن کرد، هرچند در اصل اصولاً ساده باشد.

در دیداری که در سال ۱۹۳۰ در اجلاس سولوی با اینشتین داشتم، بحث‌های ما بسیار جدّی شد. در اعتراض به این نظر که هر مهاری بر تبادل تکان و انرژی میان اشیاء و ابزارهای اندازه‌گیری، اگر این ابزارها بخواهد مرجع فضا–زمانی پدیده‌ها باشد، منتفی است، اینشتین در مقابل این دلیل را ارائه داد که چنین مهاری، درصورتی‌که خواست‌های نظریّه نسبیّت را مورد توجّه قرار دهیم، ممکن است؛ به‌خصوص آنکه، رابطهٔ کلّی میان انرژی و جرم در فرمول معروف

(۵)

$$E = mc^2$$

امکان اندازه‌گیری انرژی کلّی هر نظامی را به‌کمک توزینی ساده به‌دست می‌دهد و به‌این‌ترتیب، می‌توان اصولاً انرژی انتقال‌یافتهٔ به دستگاه اندازه‌گیری را، درصورتی‌که بین دستگاه و شیء اتمی برهم‌کنش وجود داشته باشد، اندازه گرفت.

به‌این منظور، *اینشتین* دستگاه مناسبی پیشنهاد کرد که در شکل ۷ نشان داده شده است. این دستگاه جعبه‌ای است که در یک طرف آن، سوراخی تعبیه شده است که می‌توان به‌کمک کشویی آن را باز و بسته کرد؛ خود کشو را ساعتی که در درون جعبه نصب شده است، به حرکت در می‌آورد. فرض کنیم در شروع کار، جعبه مقداری تابش دارد، و ساعت به‌گونه‌ای تنظیم شده است که کشو را در زمان مشخّصی برای لحظه‌ای باز نگاه می‌دارد. با این کار می‌توان تعیین کرد که تنها یک فوتون در یک لحظه از سوراخ عبور کرده است، که این لحظه را می‌توان با هر دقّت دلخواهی تعیین کرد. به‌علاوه، مسلّماً این امکان وجود دارد تا جعبه را قبل و بعداز عبور فوتون از سوراخ وزن کنیم و وزن انرژی یا فوتون را بادقّت دلخواه تعیین کنیم؛ امری که با عدم‌قطعیّت متقابل کمیّت‌های زمان و انرژی در مکانیک کوانتومی تناقض آشکار دارد.

ارائهٔ این دلیل خود نوعی دعوت جدّی به مبارزه بود و به بررسی عمیق تمامی مسئله می‌انجامید. در پایان بحث، که اینشتین خود فعّالانه در آن شرکت داشت، روشن شد که این دلیل را نمی‌توان پذیرفت. توجّه به این مسئله، بررسی دقیق‌تر نتایج معادل دانستن جرم گرانشی و ماندی را در فرمول (۵) ضروری کرد. به‌خصوص لازم شد به رابطهٔ بین آهنگ حرکت ساعت و موقعیّت آن در میدان جاذبه توّجه کرد. این رابطه را از تغییر مکان

به‌سمت قرمز خطوط طیف خورشیدی به‌خوبی می‌شناسیم و می‌دانیم که خود نتیجه‌ای از اصل هم‌ارزی *اینشتین* میان اثرهای گرانشی و پدیده‌های مورد مشاهده در دستگاه‌های مرجع شتاب‌دار است.

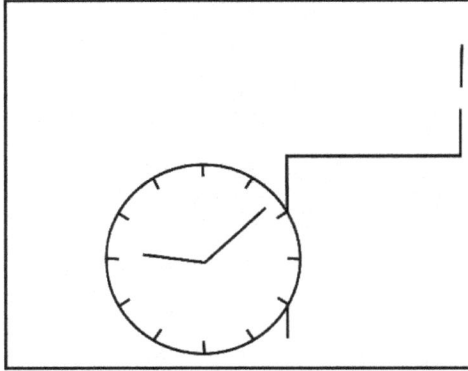

شکل ۷

بحث‌های ما بر کاربرد ممکن دستگاهی متمرکز شد که در آن، دستگاه پیشنهادی اینشتین هم نصب شده بود و در شکل ۸ به همان شیوهٔ شبه‌واقعی، مانند شکل‌های قبلی، نشان داده شده است. این جعبه که قسمت داخلی آن نشان داده شده، به یک ترازوی فنری آویزان است. خود جعبه مجهّز به عقربه‌ای است که محلّ جعبه را بر روی خط‌کشی، که به پایهٔ ترازو نصب شده، تعیین می‌کند. به‌این‌ترتیب وزن جعبه را می‌توان با آوردن عقربه بر روی صفر، با افزودن وزنه با دقّت دلخواه Δm تعیین کرد. و امّا نکتهٔ اساسی در اینجا این است که تعیین محلّ جعبه با دقّت داده شدهٔ Δq در اندازه‌گیری تکان جعبه، عدم‌قطعیّت مینیمم Δp را در خود دارد که به Δq به رابطهٔ (۳) مربوط می‌شود. این عدم‌قطعیّت باید مسلّماً کوچک‌تر از ضربه‌ای باشد که در طول زمان توزین **t**، میدان گرانش به جسمی به جرم Δm وارد می‌کند. از اینجا نتیجه می‌شود:

(۶)

$$\Delta p \approx \frac{h}{\Delta q} < T \cdot g \cdot \Delta m.$$

در این رابطه، g شتاب گرانش است. امّا هرچه دقّت در خواندن q، یعنی محلّ عقربه، بیشتر باشد، درصورتی‌که بخواهیم وزن جعبه و محتویاتش را با دقّت Δm تعیین کنیم، زمان توزین T نیز بیشتر خواهد شد.

امّا بنا بر نظریّهٔ نسبیّت عمومی، ساعتی که درجهت گرانش، تغییر مکانی به اندازهٔ Δq داشته باشد، تغییری در آهنگ حرکتش ایجاد می‌شود که در پایان زمان T، زمان را با اختلاف ΔT نشان می‌دهد. رابطهٔ زیر Δt را به‌دست می‌دهد:

(۷)

$$\frac{\Delta T}{T} = \frac{1}{c^2} g \Delta q$$

با مقایسهٔ روابط (۶) و (۷) می‌بینیم که بعد از توزین، در آگاهی ما از تنظیم‌کردن ساعت نوعی بی‌دقّتی وجود دارد که از رابطهٔ زیر به‌دست می‌آید:

$$\Delta T > \frac{h}{c^2 \Delta m}$$

با استفاده از رابطهٔ (۵)، این رابطه به

$$\Delta T \cdot \Delta E > h.$$

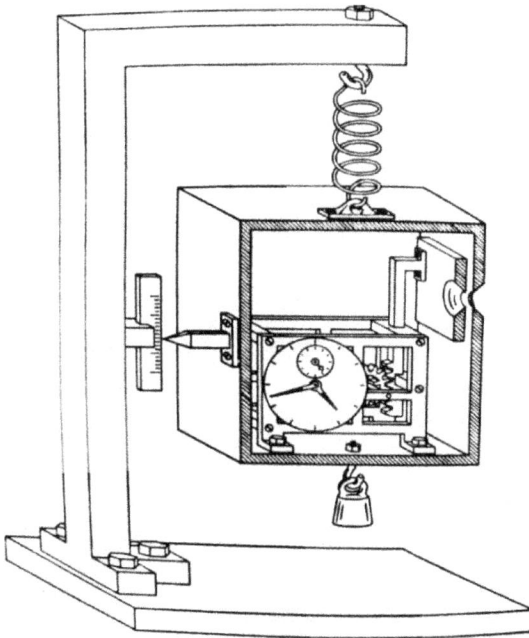

شکل ۸

می‌انجامد که با اصل عدم‌قطعیّت مطابقت دارد. درنتیجه استفاده از دستگاه به‌منظور اندازه‌گیری دقیق انرژی فوتون، ما را از تعیین زمان خروج فوتون باز می‌دارد.
این بحث که به‌خوبی قدرت و استحکام دلایلی را نشان می‌دهد، که نسبیّت ارائه می‌دهد، یک‌بار دیگر بر لزوم تمیز در مطالعهٔ پدیده‌های اتمی، میان ابزارهای اندازه‌گیری را، که به‌کار تعیین چارچوب مرجع می‌آید، و قسمت‌هایی از ابزارهای اندازه‌گیری را، که به آن‌ها باید چون اشیای مورد تحقیق نگریست، و از اثرهای کوانتومی آن‌ها نمی‌توان صرف‌نظر کرد، تأکید کرد. باوجود تأیید روشن این نتایج و چارچوب گستردهٔ شیوهٔ تشریح در نظریّهٔ مکانیک کوانتومی، اینشتین در جریان یکی از گفتگوهای بعدی ما، احساس نارضایتی خود از فقد ظاهری اصول مستحکم بر تشریح طبیعت را، که مورد قبول همگان باشد، ابراز داشت. من چنین پاسخ دادم که در وظیفهٔ ایجاد نظم در حوزهٔ تجربی‌ای که کاملاً نو است، اعتمادکردن به اصول سنّتی پذیرفته‌شده — هرچه باشد — و از هر موقعیّتی که برخوردار باشد، با دشواری ممکن است، مگر آنکه توقّعمان این باشد که این اصول با یکدیگر ناسازگاری منطقی نداشته باشد، و از این نظر صورت‌گرایی مکانیک کوانتومی کاملاً توقّعات ما را برآورده می‌کند.
اجلاس سولوی در سال ۱۹۳۰ آخرین فرصتی بود که توانستیم در آن در بحث‌های مشترک خود با *اینشتین* از تأثیر هیجان‌برانگیز و وساطت *ارنفست* بهره‌مند شویم. امّا اندکی پیش از مرگ تأسّف‌انگیزش در سال ۱۹۳۳، ارنفست برایم گفته بود که اینشتین از این وضع احساس رضایت نمی‌کرد و با همان تیزهوشی معمول خود وجوه تازه‌ای از این مسائل را یافته بود که وی را در نظر انتقادی‌اش مصرّتر می‌کرد. درحقیقت اینشتین با بررسی دقیق‌تر امکان کاربرد یک ترازو، راه‌های دیگری را تصوّر کرده بود، هرچند در آغاز به کاری که مقصود او بود نمی‌آمد، امّا به‌نظر می‌رسید تناقضات موجود را، بدون آنکه امکان حلّ منطقی آن‌ها موجود باشد، بیش‌ازپیش تشدید می‌کرد. به‌این‌دلیل، اینشتین متوجّه شده بود که با توزین جعبه و ساعت، و بعد انتشار فوتون، بازهم این امکان را داریم که یا توزین را تکرار کنیم، یا جعبه را بازکنیم و زمانی را که ساعت نشان می‌دهد، با زمان یک ساعت معیار مقایسه کنیم. درنتیجه، در این مرحله بازهم می‌توانیم درمورد انرژی فوتون، و یا لحظهٔ انتشار آن نتایجی را استنتاج کنیم. بی‌آنکه به وجهی در لحظه‌ای بین لحظهٔ انتشار و لحظه‌ای که فوتون با دیگر دستگاه‌های اندازه‌گیری وارد برهم‌کنش می‌شود، بر آن تأثیر بگذاریم، می‌توانیم پیش‌بینی‌های دقیقی *یا* درمورد لحظهٔ ورود آن و *یا* درمورد انرژی آزادشدهٔ ناشی از جذب آن بکنیم. امّا از آنجاکه بنا بر صورت‌گرایی مکانیک کوانتومی، تعیین

وضع یک ذرّهٔ منفرد نمی‌تواند با تعیین دقیق زمان و هم با اندازهٔ دقیق انرژی همراه باشد، ممکن است به‌نظر رسد که چنین صورت‌گرایی‌ای امکان تشریح مناسب را ارائه نمی‌دهد. یک بار دیگر ذهن کاوشگر *اینشتین* وجه خاصّ دیگری از این موقعیّت در نظریّهٔ کوانتومی را، که تاچه‌حدّ در اینجا از توضیح معمول پدیده‌های طبیعی فراتر رفته‌ایم، به‌بارزترین وجهی نشان داد. با همهٔ اوصاف من نمی‌خواستم باجهت کلّی‌ای که این نکات متوجّه آن بود — به‌گونه‌ای که *ارنفست* برایم نقل کرده بود — موافق باشم. به گمان من تنها دو راه وجود داشت تا نشان دهیم این صورت‌گرایی ریاضی منسجم نامناسب بود: باید نشان می‌دادیم یا نتایج آن با تجربه موافقت ندارد، یا آنکه پیش‌بینی‌هایش تمامی امکانات مشاهده را دربر نمی‌گیرد. در اینجا دلایل *اینشتین* به هیچ‌یک از این دو کار نمی‌آمد. باید توجّه داشته باشیم که در اینجا، درواقع با یک آرایش تجربی کاملاً مشخّص سروکار نداریم، بلکه *دو* آرایش وجود دارد که با یکدیگر متباین است. در یکی از این دو آرایش، از ترازو به‌همراه وسیلهٔ دیگری، مثلاً یک طیف‌سنج، به‌منظور مطالعهٔ انرژی‌ای که فوتون انتقال می‌دهد، استفاده می‌شود، درحالی‌که در دیگری از کشویی استفاده می‌کنیم که ساعت معیار آن را باز و بسته می‌کند و خود کشو متّصل به‌دستگاه دیگری از همین نوع است که براساس این ساعت تنظیم شده، تا زمان انتشار فوتون در فاصلهٔ مشخّصی را اندازه‌گیری کند. در هر دو حالتِ بالا، همچنان‌که *اینشتین* خود پذیرفت، اثرهای مشاهده‌شدنی در انطباق کامل با پیش‌بینی‌های نظری است.

این مسئله یک بار دیگر لزوم توجّه به *کلّ* دستگاه اندازه‌گیری را، که مشخّص کردن دقیق آن در کاربرد معیّن صورت‌گرایی مکانیک کوانتومی ضروری است، خاطرنشان می‌کند. این نکته را هم ضمناً می‌توان افزود که با احکام متناقضی از این نوع، در دستگاه بسیار سادهٔ شکل ۵ نیز برخورد می‌کنیم. در واقع پس از اندازه‌گیری مقدّماتی تکان حایل و پس از عبور الکترون یا فوتون از شیار، می‌توانیم میان تکرار اندازه‌گیری تکان و یا تعیین وضعیّت حایل یکی از انتخاب کنیم و به‌این‌ترتیب مشاهدات بعدی مختلف را پیش‌بینی کنیم. همچنین باید بیفزاییم درمورد اثرهای مشاهده‌شدنی با دستگاه تجربی، اینکه ساختمان و طرز استفاده از ابزارها ازپیش مشخّص شده باشد، یا اینکه اتمام این کارها به زمان دیگری موکول شده باشد، که در آن لحظه، ذرّه از دستگاهی به‌دستگاه دیگری می‌رود، اهمیّت چندانی ندارد.

در تشریح مکانیک کوانتومی، برخورداری از آزادی در ساختمان و استفاده از آرایش‌های تجربی، معنای خاصّ خود را در امکان انتخاب پارامترهای تعریف‌شدهٔ کلاسیک می‌یابد، که در هر کاربرد منطقی صورت‌گرایی مکانیک کوانتومی وارد می‌شود. مکانیک کوانتومی

از تمامی جهات با وضعیّت موجود در فیزیک کلاسیک متناظر است؛ تناظری که تا سرحدّ امکان به مکانیک کلاسیک نزدیک است، درصورتی‌که فردیّت درونی پدیده‌های کوانتومی را به‌حساب بیاوریم. انتقادات *اینشتین* در روشن‌شدن این نکات، یک‌بار دیگر انگیزه‌ای دلپذیر بود تا ما را به پژوهش در جوانب اساسی این مسئله وا دارد.

اجلاس بعدی سولوی در سال ۱۹۳۳ به مسائل ساختمان و خواصّ هسته‌های اتمی اختصاص داده شد بود. در این زمینه، به‌برکت کشفیّات تجربی و موفّقیت‌های تازه در کاربرد مکانیک کوانتومی، پیشرفت‌هایی به‌دست آمده بود. دراین مورد لازم به یادآوری نیست که این امر نتیجهٔ مطالعهٔ تبدیلات هسته‌ای مصنوعی بود که مستقیماً قانون اساسی *اینشتین* درمورد هم‌ارزی میان جرم و انرژی را تأیید می‌کرد و اهمیّت آن، در پیشبرد تحقیقات بنیادی فیزیک هسته‌ای هرروز بیش‌ازپیش روشن می‌شد. این را هم باید خاطرنشان کنیم که درک شهودی *اینشتین* از وجود رابطه‌ای نزدیک میان قانون تبدیلات پرتوزا و قوانین احتمالات حاکم بر اثرهای تابشی منفرد را (به صفحه ۳۶ مراجعه کنید)، توضیح کوانتومی-مکانیکی فروپاشی خودبه‌خودی هسته‌ای تأیید کرد. در اینجا درحقیقت با نمونهٔ بارزی از شیوهٔ تشریح آماری و رابطه مکمّلی میان پایستگی انرژی—تکان ازطرفی، و تعیین مختصّات فضا—زمانی ازطرف‌دیگر، سروکار داریم، که در تناقض مشهور عبور ذرّات از سدهای پتانسیل، به‌بهترین وجهی نمودار می‌شود.

اینشتین در این اجلاس شخصاً شرکت نداشت و اجلاس در زمانی برگذار شد که تحوّلات اسفناک دنیای سیاست، که می‌بایست برسرنوشتش عمیقاً تأثیر گذارد و وظایفش را در خدمت به بشر سنگین‌تر کند، بر آن سایه افکنده بود. امّا چند ماهی پیش از برگذاری اجلاس، به‌هنگام ملاقات با او در پرینستون، که به‌تازگی تأسیس شده بود، و در آنجا اینشتین میهمان مؤسّسهٔ مطالعات عالی بود، و اندکی پس از این دیدار، وی در آنجا اشتغال دایم پیدا کرد، فرصت پیدا کردم تا با او دوباره دربارهٔ جوانب معرفت‌شناختی فیزیک اتمی صحبت کنم، امّا اختلاف در نحوهٔ برخورد و بیان ما، بار دیگر مانعی در راه تفاهم شد. تا آن زمان عدّهٔ نسبتاً کمی در این بحث، که به ارائهٔ گزارش دربارهٔ آن مشغولم، شرکت داشتند. اندکی بعد اینشتین نظر انتقادی خود دربارهٔ نظریّه کوانتومی را، که بسیاری از فیزیک‌دان‌ها آن را پذیرفته بودند، در مقاله‌ای[11] در سال ۱۹۳۵ با همکاری *پودولسکی* و *روزن* ذیل عنوان «آیا می‌توان تشریح واقعیّت فیزیکی با مکانیک کوانتومی را جامع دانست؟» منتشر کرد.

---

11 A. Einstein, B. Podolsk und N. Rosen, Phys. Rev. 47. 777 (1935).

دلایل ارائه شده در این مقاله بر معیاری استوار است که آن را می‌توان این چنین بیان کرد: «اگر در نظامی داده‌شده، بی‌آنکه اختلالی به‌نوعی در آن ایجاد کنیم، بتوانیم با اطمینان (یعنی با احتمالی برابر با واحد) مقدار یک کمیّت فیزیکی را پیش‌بینی کنیم، دراین‌صورت باید جزئی از یک واقعیّت فیزیکی وجود داشته باشد که با این کمیّت مطابقت کند.» مؤلّفین این مقاله، بعد ازاین، با درنظرگرفتن نظامی متشکّل از دو قسمت، که برای مدّتی محدود در برهم‌کنش است، تشریحی را که صورت‌گرایی مکانیک کوانتومی از این نظام به‌دست می‌دهد و نتایج ناشی از آن را در نهایت زیبایی ارائه می‌دهند. آن‌ها سپس چنین نتیجه می‌گیرند که کمیّت‌های مختلفی را که به آن‌ها نمی‌توان مقدار معیّنی را در تشریح یکی از دو نظام جزئی داد، می‌توان با اندازه‌گیری‌هایی بر روی نظام دیگر، مقدار آن‌ها را کم‌وبیش پیش‌بینی کرد. مؤلّفین مقاله سرانجام براساس استدلال‌های خود نتیجه می‌گیرند که مکانیک کوانتومی «تشریح جامع از واقعیّت فیزیکی به‌دست نمی‌دهد.» و این عقیده را ابراز می‌کنند که امکان ارائهٔ تشریحی مناسب‌تر از پدیده‌ها موجود است.

مقالهٔ *اینشتین، پودلسکی* و *روزن* به‌دلیل وضوح و قطعیّت ظاهری دلایلش، جنب‌وجوشی در میان فیزیک‌دان‌ها برانگیخت و در بحث‌های کلّی فلسفی اهمیّت زیادی پیدا کرد. موضوع این بحث‌ها محقّقاً طبیعتی بسیار دقیق دارد و نشان می‌دهد که تا چه حدّ در نظریّهٔ کوانتومی از حدود تصوّرات واضح و روشن فراتر رفته‌ایم. در اینجا هم می‌بینیم که با مسائلی سروکار داریم که *اینشتین* در بحث‌های پیشین خود مطرح کرده بود. در مقاله‌ای[۱۲] که من چند ماهی بعد منتشر کردم، سعی کردم نشان دهم که از دیدگاه مکمّلی، این تضادّهای ظاهری به‌کلّی ازمیان می‌رود. اساس این بحث‌ها در اصل همان بود که در صفحات پیش ارائه دادم. برای یادآوری چگونگی بحث‌های آن زمان، اجازه می‌خواهم به‌نقل قسمت‌هایی از مقاله بپردازم.

در این مقاله، پس از ذکر نتایجی که *اینشتین، پودلسکی* و *روزن* براساس معیارهای خود استنتاج کرده بودند، نوشتم:

«این چنین دلایلی شاید اصلاً مناسب نباشد تا بتواند به اعتبار تشریح از راه مکانیک کوانتومی تشکیک کند. این مکانیک کوانتومی که براساس صورت‌گرایی ریاضی منسجمی بنا شده است، هر شیوهٔ اندازه‌گیری‌ای را، چنان‌که در اینجا مطرح است، خودبه‌خود در بردارد. تناقض ظاهری در این میان تنها نشان می‌دهد که دیدگاه معمول فلسفهٔ طبیعی اساساً ناتوان است تا پدیده‌هایی را منطقاً تصوّر کند که در مکانیک کوانتومی به آن‌ها

---

12 N. Bohr, Phys. Rev. 48, 696 (1935).

برخورد می‌کنیم. درواقع، برهم‌کنش *پایان‌دار میان شیء و ابزارهای اندازه‌گیری*، که خود نتیجهٔ مستقیم وجود کوانتوم کنش است — ازآنجاکه امکان مهار کنش شیء بر دستگاه اندازه‌گیری وجود ندارد — ضرورت اعراض قطعی از آرمان علّیّت و تجدیدنظر بنیانی در نحوهٔ برخورد ما با مسئلهٔ واقعیّت فیزیکی را ایجاب می‌کند. چنانچه خواهیم دید، معیار واقعیّت، آن‌طورکه سه مؤلّف نامبرده هم — هرچند در نهایت احتیاط — ارائه داده‌اند، اگر به مسائل کنونی موردنظر ما اعمال شود، ابهامی ذاتی دربر دارد.»

در ادامهٔ مقاله، دربارهٔ مسئلهٔ خاصّی که مورد توجّه *اینشتین، پودلسکی و روزن* بود، نشان دادم که در نمایش حالت یک نظام متشکّل از دو شیء اتمی، که در برهم‌کنش با یکدیگر است، نتایج صورت‌گرایی با دلایل ساده‌ای که در بالا به‌هنگام بحث دربارهٔ آرایش‌های تجربی مناسب بر مطالعهٔ پدیده‌های مکمّلی ارائه دادیم، مطابقت دارد. هر جفت متغیّر مزدوج مکان و تکان q و p، گرچه در واقع از قانون ضرب غیرجابه‌جایی رابطهٔ (۲) اطاعت می‌کند، و با عدم‌دقّت متقابلی براساس رابطهٔ (۳) می‌تواند تعیین شود، اختلاف مختصّات مکانی q_1-q_2، که به اجزای متشکّلهٔ نظام مربوط می‌شود، می‌تواند با مجموع p_1+p_2 جابه‌جا شود که مؤلّفه‌های تکان‌های متناظر است، زیرا q_1 با p_2، و q_2 با p_1 می‌تواند مستقیماً جابه‌جا شود. نتیجتاً هم q_1-q_2، و هم p_1+p_2 را در وضعیّت نظام پیچیده می‌توان با دقّت هرچه‌بیشتر تعیین کرد و به‌دنبال آن وضعیّت مقادیر q_1 یا p_1 را پیش‌بینی کرد، درصورتی‌که q_2 یا p_2 را به ترتیب از راه اندازه‌گیری مستقیم تعیین کرده باشیم. اگر یک ذرّه و یا حایلی را مانند شکل ۵ چون دو جزء نظام درنظر بگیریم، می‌بینیم که امکان مشخّص‌کردن حالت ذرّه از راه اندازه‌گیری بر روی حایل با موقعیّتی که در صفحه ۸۳ و مفصلاً در صفحه ۹۳ تشریح کردیم، مطابقت دارد. در آنجا به این نکته اشاره کردیم که بعد از عبور ذرّه از حایل، اصولاً می‌توانستیم میان اندازه‌گیری محلّ و یا تکان ذرّه، یکی را انتخاب کنیم و در هرمورد دربارهٔ مشاهدات بعدی برروی ذرّه، پیش‌بینی‌هایی بکنیم. همچنان‌که به‌کرّات این مطلب را خاطرنشان کردیم، نکتهٔ اساسی در اینجا این است که اندازه‌گیری‌هایی از این نوع، به آرایش‌های تجربی‌ای نیازمند است که نمی‌تواند با یکدیگر جمع شود.

دلایل ارائه شده در مقالهٔ یادشده، در بند زیر خلاصه شده است:

«اکنون ازنظر ما می‌توان دید که عبارت معیار واقعیّت فیزیکی پیشنهادی *اینشتین، پودلسکی و روزن* با ابهامی در مفهوم عبارت «بی‌آنکه به‌گونه‌ای اختلالی در نظام ایجاد کنیم» همراه است. بدیهی است که در چنین موردی، صحبت از اختلال مکانیکی، در دستگاه موردبررسی در آخرین مراحل حسّاس فرایند اندازه‌گیری، نمی‌تواند مطرح باشد؛ امّا

حتّی در این مرحله، بحث اصلی، مسئلهٔ *تأثیر بر شرایطی است که خود انواع ممکن پیش‌بینی‌ها دربارهٔ رفتار آتی نظام را ممکن می‌کند.* ازآنجاکه این شرایط، عنصر ماندگار در تشریح هر پدیده‌ای است که می‌توان به آن عبارت «واقعیّت فیزیکی» را به‌درستی نسبت داد، می‌بینیم استدلالی که مؤلّفین مقالهٔ یادشده ارائه داده‌اند به آن‌ها این حقّ را نمی‌دهد تا بتوانند چنین نتیجه بگیرندکه تشریح مکانیک کوانتومی ذاتاً ناقص است. ازطرف دیگر، همچنان‌که از بحث قبلی برمی‌آید، چنین تشریحی را به‌عکس می‌توان مشخّصهٔ استفادهٔ منطقی از تمامی امکانات در تفسیر بی‌ابهام از اندازه‌گیری‌هایی دانست، که در نظریّهٔ کوانتومی با برهم‌کنش متناهی و مهارنشدنی میان اشیاء و ابزارهای اندازه‌گیری سازگار است. درحقیقت، این تنها دو روش تجربی دلخواه و جمع‌نشدنی با یکدیگر است که امکان می‌دهد تعریفی بی‌ابهام از کمیّت‌های فیزیکی مکمّل به‌دست آید تا برای قوانین تازهٔ فیزیکی جایی پیدا شود، هرچند همزیستی آن‌ها با یکدیگر، شاید در آغاز ناسازگار با اصول اساسی علم به‌نظر رسد. و درست همین وضعیّت کاملاً جدید در تشریح پدیده‌های فیزیکی است که منظور مفهوم *مکمّلیّت* است.»

با خواندن دوبارهٔ این عبارات، به طرز بیان غیرکارآمدی که دنبال‌کردن دلایل یکی پس از دیگری را مشکل کرده است، کاملاً آگاهی پیدا می‌کنیم. ارائه دلایل، یکی پس از دیگری به این منظور بود تا ابهام ذاتی‌ای را که در خواص فیزیکی اشیای درگیر در پدیده‌ها وجود دارد، نشان دهیم؛ وضعیّتی که در آن تمیز روشن میان رفتار اشیاء و برهم‌کنش آن‌ها با ابزارهای اندازه‌گیری ممکن نیست. باوجوداین امیدوارم که گزارش این بحث‌ها، که در جریان سال‌های گذشته با *اینشتین* داشتیم و به آشناشدن ما با وضعیّت موجود در فیزیک کوانتومی بسیار کمک کرد، بتواند در ما تصوّر روشن‌تری از ضرورت تجدیدنظر در اصول بنیادی تبیین فیزیکی ایجاد کند، تا بتوانیم نظم منطقی در این حوزهٔ تجربی را دوباره برقرار کنیم.

دیدگاه‌های پیشین *اینشتین* در مقاله‌ای با عنوان «فیزیک و واقعیّت» در سال ۱۹۳۶ در "نشریّهٔ مؤسّسهٔ فرانکلین»[۱۳] منتشر شد. در این مقاله، *اینشتین*، با ارائهٔ تصویری بسیار روشن از گسترش تدریجی اصول اساسی نظریّه‌های فیزیک کلاسیک و رابطهٔ آن‌ها با مسئلهٔ واقعیّت فیزیکی، نظرش این است که فرمالیسم مکانیک کوانتومی را باید تنها وسیله‌ای برای تشریح میانگین رفتار معمول شمار زیادی از نظام‌های اتمی دانست. نظر او دربارهٔ این عقیده که چنین صورت‌گرای‌ای باید تشریح همه‌جانبهٔ پدیده‌های منفرد را ارائه

13 *A. Einstein*, Jour. Franklin Institue 221, 349 (1936).

دهد، در این جمله بیان می‌شود: «چنین عقیده‌ای منطقاً ممکن و بی‌تناقض است، ولی این عقیده به‌حدّی با غریزهٔ علمی من مغایرت دارد که نمی‌توانم جست‌وجوی نظامی جامع‌تر از مفاهیم را رها کنم.»

حتّی اگر این نظر *اینشتین* بتواند به‌درستی نظری کاملاً متعادل به‌نظر رسد، در اصل به معنی رد تمامی دلایلی است که به آن‌ها اشاره کردیم؛ دلایلی که می‌خواهد نشان دهد مکانیک کوانتومی به‌هیچ‌وجه اعراض خودسرانه از تحلیل پدیده‌های اتمی را به ما پیشنهاد نمی‌دهد، بلکه قبول این واقعیّت را درنظر دارد که چنین تحلیلی *اصولاً* مردود است. ویژگی فردیّت تأثیرات کوانتومی به هنگام فهم تجربه‌ای کاملاً مشخّص، ما را دربرابر وضعیّت کاملاً جدیدی در فیزیک کلاسیک قرار می‌دهد که با همهٔ افکار معمول که تاکنون راهنمای ما در تجربیّاتمان بوده است، ناسازگار است. درست به همین دلیل است که نظریّهٔ کوانتومی خواستار آن است تا یک‌بار دیگر به بررسی استفادهٔ بی‌ابهام از مفاهیم اوّلیّه، که به‌معنای مرحلهٔ تازه‌ای از پیشرفت است، بپردازیم، که پس از پیدایی نظریّهٔ نسبیّت مشخّصهٔ بارز علوم جدید است.

در سال‌های بعد، جنبه‌های بیشتر فلسفی این وضعیّت در فیزیک اتمی، توجّه محافل گسترده‌تری را به‌خود کشاند، این موارد به‌خصوص در ژوئیهٔ ۱۹۳۶ در کپنهاگ، در دوّمین اجلاس جهانی دربارهٔ یکپارچگی علم، موضوع بحث بود. در سخنرانی‌ای[۱۴] که من در همین فرصت ایراد کردم، سعی کردم بیش از هرچیز بر مشابهت میان محدودیّت‌هایی که در تشریح علّی فیزیک اتمی وجود دارد و وضعیّت‌هایی را که در دیگر زمینه‌های شناخت با آن‌ها رودررو هستیم، از دیدگاه معرفت‌شناختی تأکید کنم. یکی از اهداف اصلی این مقایسه، توجّه‌کردن به این واقعیّت بود که ما در بسیاری از زمینه‌ها – که در آن‌ها علاقهٔ عمومی بشر مطرح است – خود را دربرابر لزوم توجّه به مسائلی می‌بینیم که با مسائل مطرح شده در نظریّهٔ کوانتومی مشابهت دارد. پس لازم است تا به زبان به‌ظاهر غیرمنطقی‌ای که فیزیک‌دان‌ها در جدال با مسائل حادّ خود به‌وجود آورده‌اند، بنیان گسترده‌تری دهیم.

علاوه بر خصلت‌های مکمّلی که در روان‌شناسی پدیدار می‌شود و دربارهٔ آن‌ها صحبت کردیم (به صفحه ۸۸ مراجعه کنید)، در زیست‌شناسی هم می‌توان نمونه‌هایی از همین روابط را، به‌خصوص در مقایسهٔ آرای ماشین‌گرای با آرای حیات‌گرای پیدا کرد. در دوّمین

14 N. Bohr, Erkenntnis 6, 293 (1937), und Philosophy of Science 4, 289 (1937).

اجلاس جهانی نوردرمانی، که در سال ۱۹۳۲ در کپنهاگ[15] برگذار شد، یکی از موضوع‌های موردبحث، به‌خصوص مسئلهٔ مشاهده بود. در اینجا در میان دیگر حرف‌ها، دربارهٔ این مطلب هم بحث شد که آیین توازی روان‌تنی، به‌صورتی‌که *لایب‌نیتس* و *اسپینوزا* آن را ارائه داده‌اند، در پی پیشرفت‌های فیزیک اتمی، چارچوب گسترده‌تری پیدا کرده است، که تاجایی‌که به مسئلهٔ تبیین مربوط می‌شود، ما را به یاد هشدار گذشتگان می‌اندازد که نباید به هنگام جستجوی هماهنگی در زندگی، هرگز فراموش کرد که ما در نمایشنامهٔ وجود، هم بازیگریم و هم تماشاگر.»

چنین اظهاراتی طبیعتاً می‌تواند احساس استمداد از باطن را، که با روح علم بیگانه است، نزد برخی کسان بیدار کند. به‌همین‌دلیل در سال۱۹۳۶ در کنگره‌ای که در بالا به آن اشاره شد، سعی کردم این سوءفهم‌ها را بزدایم و تأکید کنم که تنها سعی من بر این است تا در هریک از زمینه‌های علمی، شرایط تحلیل و ترکیب تجارب را روشن کنم، هرچند متأسّفانه موفّقیّت چندانی در متقاعدکردن حاضرین در این جلسه نداشتم. اختلاف‌نظر میان فیزیک‌دان‌ها، خود طبیعتاً دلیلی بر بروز این شکّ بر سر لزوم اعراض از انتظارات معمول در توضیح پدیده‌های طبیعی شد. در بحث‌های دیگری که در سال ۱۹۳۷ در پرینستون با *اینشتین* داشتم — و خود نوعی مجادلهٔ لفظی طنزآمیز بود — تنها دراین‌باره گفتگو کردیم که اگر *اسپینوزا* تکامل امروزی را به‌چشم خود می‌دید، جانب چه کسی را می‌گرفت؟ همین بحث درعین‌حال برایم هشداری بود که باید در تمامی مسائل اصطلاح‌شناختی و جدلی نهایت احتیاط را به‌خرج داد.

این وجوه مسئله در نشستی که در سال ۱۹۳۸ در ورشو برگذار شد، و مؤسّسهٔ بین‌المللی همکاری‌های فکری جامعهٔ ملل آن را تدارک دیده بود،[16] موضوع بحث بود. در سال‌های پیش از برگذاری این نشست، پیشرفت‌های مهمّی در دانش فیزیک اتمی روی داده بود. این پیشرفت‌ها را ازطرفی برخی از کشفیّات اساسی درمورد ساختمان و خواصّ هستهٔ اتمی، و ازطرف دیگر گسترش‌های مهمّ صورت‌گرایی ریاضی، که شرایط نظریّهٔ نسبیّت را نیز درنظر گرفته بود، سبب شده بود. نظریّهٔ اخیر کوانتومی هوشمندانهٔ *دیراک* دربارهٔ الکترون، نمونهٔ بارزی از قدرت و ثمربخشی شیوهٔ تشریح کلّی مکانیک کوانتومی بود. پدیده‌های پیدایی و نابودی زوج‌های الکترون، ما را دربرابر خصلت‌های اساسی اتمی‌بودن تازه‌ای قرار می‌داد، که رابطهٔ نزدیکی با جنبه‌های غیرکلاسیک آمار کوانتومی داشت، که اصل طرد

---

15 IIe CongrèsInternationale de la Lumière, Copenhague 1932 (abgedruckt in Nature 131, 421 und 457 (1933)); siehe auch Die Naturwiss. 21, 245 (1933) und S. 3 ff. im vorl. Band.
16 New Theories in Physics, Paris (1938) 11.

بیانگر آن است و ما را ناگزیر به اعراض قطعی‌تر از هر توضیحی از راه نمایش روشن می‌کرد.

در این میان، به بحث دربارهٔ مسائل معرفت‌شناختی فیزیک اتمی بیش از هروقت دیگر توجّه شد و با تفسیر نظر اینشتین دربارهٔ نقص شیوهٔ تشریح کوانتومی، من بازهم مستقیم دربارهٔ آن اصطلاحات صحبت کردم. به‌خصوص بر استفاده از جملاتی مانند «مختل‌کردن پدیده‌ها از راه مشاهده»، یا «به اشیای اتمی با اندازه‌گیری، ویژگی‌های کیفی فیزیکی نسبت‌دادن» را، که در مقاله‌های فیزیک کراراً به آن‌ها برمی‌خوریم، هشدار دادم. این عبارات ازطرفی یادآور تناقضات نظریهٔ کوانتومی است، و ازطرف دیگر مستعد به ایجاد ابهام؛ زیرا واژه‌هایی چون «پدیده» و «مشاهده» و همچنین «ویژگی کیفی» و «اندازه‌گیری» به‌شیوه‌ای به‌کاربرده می‌شود که با زبان عامیانه و تعاریف کاربردی چندان سازگار نیست.

به منظور شیوهٔ بیان مناسب‌تر، پیشنهاد کردم واژهٔ *پدیده* را منحصراً درمورد مشاهداتی به‌کار بندیم که ذیل شرایط کاملاً مشخّص شده‌ای به‌دست آمده باشد و تشریح چگونگی آرایش تجربی نیز مشخّص باشد. دراین مجموعهٔ اصطلاحات، مسئلهٔ مشاهده هیچ ابهامی ندارد، زیرا در تجارب واقعی، تمامی مشاهدات با گزاره‌های بی‌ابهامی بیان می‌شود که مثلاً به ثبت نقطهٔ برخورد الکترون با صفحهٔ عکّاسی مربوط می‌شود. به‌علاوه، چنین زبانی به‌خصوص به این کار می‌آید تا بر این واقعیّت تأکید کنیم که تفسیر فیزیکی صورت‌گرایی نمادین مکانیک کوانتومی، پیش‌بینی‌هایی با خصلتی معیّن یا آماری را دربر می‌گیرد، که به پدیده‌هایی مربوط می‌شود که در شرایطی که مفاهیم فیزیک کلاسیک آن‌ها را تعیین می‌کند، به‌وجود می‌آید.

هرچه تفاوت بین مسائل فیزیکی باشد، که به گسترش نظریّهٔ نسبیّت و نظریّهٔ کوانتومی انجامید، مقایسهٔ جنبه‌های مطلقاً منطقی استدلال‌های نظریّهٔ نسبیّت و نظریّهٔ مکمّلی مشابهت‌های زیادی را نشان می‌دهد که به اعراض از نسبت‌دادن معنای مطلق به ویژگی‌های کیفی فیزیکی معمول اشیاء می‌انجامد. همچنین درنظرنگرفتن ترکیبِ اتمی خود ابزارهای اندازه‌گیری در تشریح تجربه‌های واقعی، به یک‌اندازه مشخّصّهٔ نظریّهٔ نسبیّت و نظریّهٔ کوانتومی است. به این‌ترتیب، کوچکی کوانتوم کنش درمقایسه با کنش‌هایی که در آزمایش‌های معمول، ازجمله در آرایش و استفاده از دستگاه‌های فیزیکی وجود دارد، به‌همان اندازه در فیزیک اتمی اساسی است که در نظریّهٔ نسبیّت عام شمار زیاد اتم‌های متشکّلهٔ جهان اهمیّت دارد. چنانچه می‌دانیم نظریّهٔ نسبیّت عام می‌خواهد تا ابعاد ابزارهای اندازه‌گیری زوایا، نسبت به شعاع انحنای فضا کوچک‌تر شود.

در سخنرانی‌ای که در ورشو ایراد کردم، دربارهٔ استفاده از نمادگرایی در نظریّهٔ نسبیّت و نظریّهٔ کوانتومی، که هیچ تصویر روشنی مستقیماً متناظر با آن‌ها نیست، چنین گفتم:

«حتّی صورت‌گرایی‌هایی که در هریک از نظریّه‌ها در چارچوب خاصّ خود، ابزار مناسبی ارائه می‌دهد تا فهم هر تجربهٔ تصوّرپذیری را به‌دست دهد، دال بر مشابهت‌های عمیق میان یکدیگر است. حقیقت این است که در هر دو نظریّه، سادگی حیرت‌برانگیز عمومیّت نظریّه‌های کلاسیک فیزیکی، که خود حاصل استفاده از هندسهٔ چندبعدی و جبر غیرجابه‌جایی است، اساساً در هر دو مورد بر وضع علامت قراردادی $\sqrt{-1}$ استوار است. با بررسی دقیق‌تر می‌بینیم که خصلت انتزاعی این صورت‌گرایی‌ها، هم مختصّ به نظریّهٔ نسبیّت است، هم به مکانیک کوانتومی. اینکه نظریّهٔ اوّل را مکمّل فیزیک کلاسیک بدانیم و نه اوّلین گام قطعی در بازبینی عمیق در ابزارهای مفهومی، که به‌منظور مقایسهٔ مشاهداتی به‌کار می‌گیریم که پیشرفت‌های اخیر فیزیک به ما تحمیل کرده است، تنها یک مسئلهٔ ساده عرفی است.»

به‌یقین درست است که ما در فیزیک اتمی خود را دربرابر مسائل اساسی حل‌نشده می‌بینیم، به‌خصوص درمورد رابطهٔ نزدیک میان واحد اوّلیّهٔ بار الکتریکی و کوانتوم عام کنش، امّا این مسائل به‌حدّی که حفظ شیوهٔ تشریح نسبیّتی در کیهان‌شناسی درمورد مسائل حل‌نشدهٔ آن اهمّیّت دارد، با دیدگاه‌های معرفت‌شناختی که در اینجا دربارهٔ آن‌ها بحث کردیم، مرتبط نیست. هم در نظریّهٔ نسبیّت، هم در نظریّهٔ کوانتومی، سروکار ما با جنبه‌های جدید تحلیل و ترکیب علمی است، و از این نظر ذکر این نکته اهمّیّت دارد که حتّی در دورهٔ مهمّ فلسفه انتقادی قرن گذشته، تنها اینکه برهان پیشینی تاچه‌حدّ می‌تواند نظم فضا-زمانی و ارتباط علّی تجارب با یکدیگر را توجیه کند، مطرح بوده است، درحالی‌که از تعمیم‌های منطقی یا از محدودیّت‌های ذاتی این مقولات فکر بشری، هرگز صحبتی در میان نبوده است.

گرچه در سال‌های اخیر چندین‌بار فرصت ملاقات با اینشتین را پیدا کردم، ادامهٔ این بحث‌ها، که همواره درس جدیدی بود، هنوز به یافتن نظر مشترکی دربارهٔ مسائل معرفت‌شناختی فیزیک اتمی نینجامیده است. اختلاف نظر میان من و او در یکی از تازه‌ترین شماره‌های نشریّهٔ «دیالکتیکا»[۱۷] که به بحث کلّی دربارهٔ این مسائل پرداخته، شاید به روشن‌ترین وجهی بیان شده باشد. با آگاهی بر آنچه مانع توافق میان من و او درموردی می‌شود که نقطهٔ آغاز حرکت و پیشینهٔ هریک از ما بر نظر ما تأثیر بسیار می‌گذارد، این فرصت را غنیمت شمردم تا به ارائه مفصّل سیری بپردازم که به گمان من بر بحرانی جدّی در علم

17 N. Bohr, Dialectica 1, 312 (1948).

فیزیک فایق آمده است. به‌نظر می‌رسد تعلیماتی که از این راه تحصیل کردیم، ما را یک گام قطعی در پیکاری که هیچ‌گاه پایان نمی‌یابد، تا به ایجاد هماهنگی میان شکل و محتوا بپردازیم، جلوتر برده باشد. همین تعلیمات یک‌بار دیگر نشان داد هیچ محتوایی را نمی‌توان بدون چارچوب صوری درک کرد، و هر چارچوبی، هراندازه که تاکنون مفید بوده، می‌تواند در شمول تجارب جدید، در خود بسیار مضیق باشد.

در چنین وضعیّتی که رسیدن به توافق، نه‌تنها میان فیلسوفان و فیزیک‌دان‌ها، بلکه میان فیزیک‌دان‌های مکاتب مختلف دشوار بوده، بعید نیست که ریشهٔ چنین مشکلاتی به علاقه به استفادهٔ خاصّ از زبانی باشد، که از نقطهٔ آغازین متفاوتی بر می‌خیزد. در مؤسّسهٔ کپنهاگ، که طیّ سال‌های اخیر در آن عدّهٔ زیادی از فیزیک‌دان‌های جوان از کشورهای مختلف به بحث با یکدیگر می‌پرداختند، عادت ما این بود به وقت گرفتاری، خود را با شوخی — به‌خصوص با این ضرب‌المثل قدیمی دربارهٔ دو نوع حقیقت — تسلّی دهیم؛ در یکی از این دو، گزاره‌ها به‌حدّی ساده و روشن است که از گزارهٔ مخالف مسلّماً نمی‌توان دفاع کرد؛ و در دیگری، یعنی در به‌اصطلاح «حقایق عمیق»، مدِّعاهایی وجود دارد که عکس آن‌ها هم حقیقتی عمیق دربر دارد. پیشرفت در رشته‌های تازه، عموماً از مراحل گوناگونی می‌گذرد که طیّ آن‌ها آشفتگی به‌تدریج جای خود را به نظم می‌دهد. و این امر دست‌کم در مراحل واسطه‌ای صورت نمی‌گیرد، یعنی آنجا که حقیقت در آن میان وجود دارد، و کار با شورو شوق همراه است و تصوّر را به‌جستجوی محلّ اتّکای محکم‌تری برمی‌انگیزد. در این مورد، شخصیّت اینشتین در یافتن تعادل بین جدّی و شوخی نمونه‌ای است بارز؛ و وقتی هم من به بیان این عقیده می‌پردازم که ما به‌برکت همکاری‌های ثمربخش همهٔ فیزیک‌دان‌های نسل حاضر، به هدفی نزدیک می‌شویم که در آن، نظم منطقی وسیعاً به ما اجازه می‌دهد تا از واقعیّت عمیق حذر کنیم، امید دارم که این هم به مفهوم *«اینشتینی»* آن فهمیده شود و درعین‌حال پوزشی از بابت برخی از مطالبی باشد که در صفحات پیشین بیان کردم.

بحث‌های من با اینشتین که موضوع این مقاله بود، طیّ سالیان زیادی که شاهد پیشرفت‌های بزرگی در زمینهٔ فیزیک اتمی بود، صورت گرفت. ملاقات‌های ما، کوتاه یا طولانی، همواره اثری عمیق و پایدار بر من داشت. با نوشتن این گزارش هم، حتّی زمانی که به موضوع‌های دیگری می‌پرداختم که ظاهراً بسیار دور از مسائل خاصّ موردبحث بین من و او به‌هنگام ملاقات با یکدیگر بود، می‌توانم بگویم که دایم با او درحال بحث بودم. اینکه چگونه بحث‌ها را بازگو کرده‌ام، به این امر مسلّماً آگاهم که تنها از حافظهٔ خود یاری جسته‌ام. به این سبب، این امکان را هم به حساب می‌آورم که اینشتین برخی از جنبه‌های نظریّهٔ کوانتومی را، که خود در آن‌ها سهم مهمّی داشته است، به‌گونهٔ دیگری ببینند.

باوجوداین، امیدوارم موفّق شده باشم، تصویری روشن از آنچه برای من و برای هریک از ما به معنای بهره‌مندی از الهامات اینشتین به هنگام دیدن او بوده، به‌دست داده باشم.

یکپارچگی علم

سخنرانی ایرادشده در اکتبر ۱۹۵۴ به‌مناسبت بزرگداشت دویستمین سال تأسیس دانشگاه کلمبیا

پیش از اینکه بخواهیم به این سؤال پاسخ دهیم که تاچه‌حدّ می‌توان از یکپارچگی علم صحبت کرد، باید از خود دربارهٔ مفهوم واژهٔ علم سؤال کنیم. قصد من این نیست که دراین‌باره به بحث فلسفی—آکادمیک بپردازم، زیرا چندان هم شرایط لازم بر آن را ندارم. هر دانشمندی پیوسته با مسئلهٔ تشریح عینی تجارب مواجه می‌شود، که برای ما چیزی جز مبادلهٔ بی‌ابهام اطّلاعات نیست. مسلّم است که ابزار اصلی ما برای این کار زبان عادّی است که احتیاجات زندگی روزمرّه را برآورده می‌کند و در خدمت روابط اجتماعی است. آنچه در اینجا مورد نظر ماست، مسلّماً منشأ چنین زبانی نیست، بلکه وسعت مبادلهٔ اطّلاعات علمی، و به‌خصوص این مسئله است که چگونه عینی‌بودن تشریح، درصورتی‌که تجارب از حوزهٔ رویدادهای زندگی روزانه فراتر رود، می‌تواند حفظ شود.

نکتهٔ اساسی که باید به آن توجّه کرد این است که هر شناختی در آغاز در چارچوب فکری سازگار با تجارب گذشته بیان می‌شود، امّا این چارچوب، هرچه باشد، ممکن است با گذشت زمان از خود محدودیّتی نشان دهد تا بتواند تجارب جدید را دربر گیرد. تحقیقات علمی در زمینه‌ای مختلف شناخت، بارها این ضرورت را پیش آورده است تا از برخی از دیدگاه‌هایی دست بکشیم که به‌دلیل ثمربخشی خود و نداشتن محدودیّت ظاهری در کاربرد، در آغاز در تشریح بی‌تناقض پدیده‌ها ضروری بود. هرچند چنین سیری برآمده از بررسی‌های تخصّصی باشد، همین سیر درسی کلّی در خود پنهان دارد که برای مسئلهٔ یکپارچگی علم اهمّیّت فراوان دارد. درحقیقت، گسترش چارچوب فکری نه‌فقط به ایجاد نظم در رشته‌های مرتبط علوم پرداخت، بلکه در تحلیل و ترکیب تجارب، مشابهت حوزه‌های به‌ظاهر جدا از هم علوم را هم افشا کرد، و امکان هرچه جامع‌ترشدن تشریح عینی را فراهم کرد.

در صحبت از چارچوب فکری، منظور، تنها نمایش روشن و بی‌ابهام روابط میان تجارب است. این برداشت، در تکامل تاریخی نیز، که در آن، تمایز روشنی میان منطق صورت و علم معانی و حتّی نحو لغوی دیگر وجود ندارد، دیده می‌شود. در اینجا ریاضیّات اهمیّت ویژه‌ای دارد، زیرا به تکامل فکر منطقی قاطعانه کمک کرد و انتزاعات کاملاً مشخّص آن، ابزار کمکی لازمی بر بیان روابط هماهنگ ارائه داد. باوجوداین، ما در بحث‌های خود،

ریاضیّات را شاخه‌ای مجزّا از حوزهٔ علم نمی‌دانیم، بلکه آن را پالایشی از زبان عمومی می‌دانیم که به آن ابزارهای مناسبی در نمایاندن روابط اضافه شده است، که زبان معمولی در بیان آن‌ها نه دقّت لازم را دارد، نه راحتی آن را. دراین‌باره مایلم بر این نکته تأکید کنم – حتّی رجوع نکردن به ضمیر آگاه، بر زبان روزمرّه تأثیر زیادی دارد – استفاده از نمادهای ریاضی به‌خصوص به این کار می‌آید تا تعریف لازم بر هر تشریح عینی وضوح خود را حفظ کند.

گسترش علوم به‌اصطلاح دقیقه، که مشخّصهٔ آن‌ها برقراری روابط عددی میان اندازه‌هاست، کاربرد روش‌های ریاضی مجرّد را، که غالباً بدون توجّه به کاربردشان گسترش پیدا می‌کرد و تنها هدفش تعمیم بناهای منطقی است، قاطعانه پیش برد. این واقعیّت به‌خصوص به‌روشنی در فیزیک نمودار است که از آن در اصل، علم به طبیعت، که ما خود بخشی از آنیم، منظور بود؛ امّا کم‌کم فیزیک به علمی اطلاق شد که به مطالعهٔ قوانین بنیادی حاکم برخواصّ مادّهٔ بی‌جان می‌پردازد. ضرورت توجّه مدام به مسئلهٔ تشریح عینی، حتّی در این حوزهٔ نسبتاً ساده، طیّ قرون متمادی بر نگرش مکاتب فلسفی تأثیری عمیق گذاشت. در زمان ما، کاوش در حوزه‌های تجربی جدید، پیش‌فرض‌هایی را — که به آن‌ها گمان هم نمی‌بردیم – در کاربردِ روشن از حتّی ابتدایی‌ترین مفاهیم را ارائه داد و از این راه به ما درس معرفت‌شناختی‌ای آموخت که دامنه‌اش مسائل فراتر از حوزهٔ علوم فیزیکی را دربر می‌گیرد. به این دلیل شاید مناسب باشد، بحث خود را با یادآوری مختصر این سیر شروع کنیم.

یادآوری جزئیات این تکامل ما را به بیراهه می‌کشاند، پس تنها به ذکر این مطلب می‌پردازیم که چگونه با حذف تصوّرات موهوم دربارهٔ نظام عالم و استدلال‌هایی دربارهٔ هدفدار بودن اعمال خود ما، شالودهٔ مستحکم مکانیک براساس کارهای بدیع *گالیله* ریخته شد، تا *نیوتون* آن‌ها را استادانه کامل کند. اصول مکانیک *نیوتونی* بیش از هرچیز مسئلهٔ علّت و معلول را روشن کرد، زیرا این اصول به ما امکان داد تا با دانستن حالت یک نظام فیزیکی مشخّص در لحظه‌ای معیّن، به‌کمک کمیّت‌هایی اندازه‌گرفتنی، حالت این نظام را در لحظهٔ دلخواه دیگری پیش‌بینی کنیم. امّا می‌دانیم که این طرز تشریح علّت‌گرای یا علّی به تصوّر ماشین‌گرای از طبیعت انجامید و درتمامی حوزه‌های علم — جدا از اینکه آن علم چگونه به‌دست آمده باشد — کمال مطلوب توضیح علمی شد. پس در این مورد، اینکه مطالعهٔ حوزه‌های گسترده‌تر تجارب فیزیکی، لزوم بررسی دقیق‌تر مسئلهٔ مشاهده را آشکار کرده است، اهمیّت دارد.

مکانیک کلاسیک در حوزهٔ وسیع کاربردی خود، تا این حدّ تشریحی عینی به‌دست می‌دهد که بر استفادهٔ درست از تصوّرات و افکاری متّکی است که به داده‌های زندگی روزمرّه مربوط می‌شود. تعمیم‌های آرمانی مکانیک نیوتونی، هراندازه هم بر هدف ما مفید باشد، در عمل از حوزهٔ تجربی، که مفاهیم اصولی ما با آن سازگاری دارد، بسیار فراتر می‌رود. بنابراین استفادهٔ مناسب، حتّی از مفاهیم زمان و مکان مطلق، و از انتشار عملاً آنی نور، که به ما امکان می‌دهد تا محلّ اجسام حول‌وحوش خود را مستقلّ از سرعتشان، تعیین، و رویدادها را براساس تواتر زمانی یکتایی مرتّب کنیم، از یکدیگر جدانشدنی است. امّا کوشش در این راه تا به تشریحی منسجم دربارهٔ پدیده‌های الکترومغناطیسی و نوری برسیم، نشان داد که ناظرهایی که با سرعت زیاد نسبت به یکدیگر جابه‌جا می‌شوند، به‌شیوه‌های مختلف به رویدادها نظم و ترتیب می‌دهند. چنین ناظرهایی نه‌تنها دربارهٔ شکل و محلّ اجسام صلب نظرهای مختلف دارند، بلکه حتّی رویدادهایی را، که در نقاط مختلف روی می‌دهد، و به گمان ناظری همزمان است، ممکن است ناظر دیگری آن را همزمان نبیند.

تحقیق دربارهٔ این مسئله که تشریح پدیده‌های فیزیکی تا چه‌حدّ بستگی به دیدگاه ناظر دارد، بی‌آنکه ابهام و پیچیدگی‌ای برانگیزد، رهنمودی پرارزش در کشف قوانین کلّی فیزیکی برای هر ناظری بود. اینشتین، با حفظ فکر جبرگرایی، و فقط با اتّکا بر روابط میان اندازه‌گیری‌های بی‌ابهام، که سرانجام به اقتران رویدادها می‌پردازد، موفّق به تجدید بنای فیزیک کلاسیک و عمومیّت‌دادن به آن شد، و به‌این‌ترتیب، به تصوّر ما از جهان یکپارچگی بخشید که از همهٔ انتظارات قبلی ما فراتر می‌رفت. در نظریّهٔ نسبیّت عام، تشریح براساس متریک فضا–زمانی چهاربعدی است که به‌خودی‌خود، هم اثرهای جاذبه را توضیح می‌دهد، هم اهمیّت خاصّ سرعت علایم نوری را، که برکاربرد بی‌تناقض مفهوم فیزیکی سرعت، حدّ بالایی تعیین می‌کند. وضع این انتزاعات ریاضی نامعمول، امّا کاملاً مشخّص، نه‌تنها هیچ ابهامی در خود ندارد، بلکه به‌عکس به‌روشنی نشان می‌دهد که چگونه گسترش چارچوب فکری، ابزار مناسبی برای حذف عناصر ذهنی در اختیار ما می‌گذارد و به پهنهٔ تشریح عینی وسعت می‌بخشد.

جنبه‌های جدید و غیرمنتظرهٔ مسئلهٔ مشاهده، با تحقیق در ساختمان اتمی مادّه خود را نشان داد. چنان‌که می‌دانیم، فکر تقسیم‌پذیری محدود مادّه از دوران باستان است. این تصوّر هدفش این بود تا پایداری خواصّ مشخّصهٔ اجسام را، باوجود کثرت پدیده‌های طبیعی، بتوان توضیح داد. این تصوّرات را، حتّی تا امروز، فرضی می‌پنداشتیم، زیرا به‌نظر می‌رسید اثبات آن‌ها به‌طور مستقیم از راه مشاهده امکان‌پذیر نباشد. علّت این امر را بی‌دقّتی اندام‌های حسّی و ابزارهای اندازه‌گیری می‌دانستیم که خود از اتم‌های بی‌شمار تشکیل

می‌شود. امّا با پیشرفت‌های فیزیک و شیمی در قرون اخیر، تصوّرات ما از اتم، هر روز خود را ثمربخش‌تر نشان داد. کاربرد مستقیم مکانیک کلاسیک درمورد برهم‌کنش اتم‌ها و مولکول‌هایی که دایماً درحال حرکت است، به‌خصوص امکان فهم کلّی اصول ترمودینامیک را میسّر کرد.

درقرن حاضر هم، مطالعهٔ خواصّ مادّه که به‌تازگی کشف شده بود، مانند پرتوزایی طبیعی، اصول نظریّهٔ اتمی را، به‌طرزی که پذیرفتنی باشد، تأیید کرد. به‌خصوص ساخت دستگاه‌های تقویّت‌کننده به ما امکان داد تا به مطالعهٔ پدیده‌هایی بپردازیم که اساساً وابسته به کنش اتم‌های منفرد است، و حتّی بتوانیم شناخت گسترده‌تری از ساختمان نظام‌های اتمی به‌دست آوریم. اوّلین گام در این راه، شناخت الکترون بود که جزء مشترک تمامی موادّ بود. کشف هستهٔ اتم به‌دست رادرفورد و اینکه هسته در حجمی بسیار کوچک، تقریباً همهٔ وزن اتم را در خود دارد، تصوّر ما از ساختمان اتم را کامل‌تر کرد. تغییرناپذیری خواصّ عناصر، در فرایندهای فیزیکی و شیمیایی معمول را هم مستقیماً این واقعیّت توضیح می‌دهد که در این فرایندها، هرچند اتّصال الکترون‌ها با یکدیگر ممکن است به‌کلّی تغییر کند، هستهٔ اتمی دست‌نخورده باقی می‌ماند. رادرفورد با ملاحظهٔ تبدیلات هستهٔ اتمی تحت تأثیر عوامل نیرومندتر از هسته، میدان جدیدی از تحقیق گشود که به آن عموماً کیمیاگری جدید اطلاق می‌شود، که چنانچه می‌دانیم، آزادشدن انرژی عظیم محبوس در هسته‌های اتمی را ممکن کرد.

هرچند تصوّر سادهٔ اتم، توانست بسیاری از خواصّ اساسی مادّه را توضیح دهد، از همان آغاز روشن بود که تصوّرات کلاسیک مکانیک و الکترومغناطیس نمی‌تواند به‌شایستگی پایداری ذاتی ساختارهای اتمی را — آن‌چنان‌که در خواصّ ویژهٔ عناصر بروز می‌کند — توضیح دهد. کلید حلّ این مسئله را پلانک با کشف کوانتوم عام کنش به‌دست داد. وی در اوّلین سال آغاز این قرن، با تحلیل عمیق خود از قوانین تابش حرارتی، به کشفی نایل آمد که خود خصلتی از کلّیت در فرایندهای اتمی را افشا کرد که به تصوّر ماشین‌گرای از طبیعت بی‌اعتناست. همین کشف درعین‌حال نشان داد که نظریّه‌های کلاسیک در فیزیک، تعمیم‌هایی آرمانی است که تنها به‌کار تشریح پدیده‌هایی می‌آید که در تحلیل آن‌ها همهٔ اثرهای مورد نظر باید به‌حدّی بزرگ باشد تا بتوان از کوانتوم کنش صرف‌نظر کرد. درحالی‌که در پدیده‌هایی با مقیاس معمول، این شرط به‌شایستگی برقرار است، در پدیده‌های اتمی به‌عکس به قانون‌مندی‌هایی از نوع جدید برخورد می‌کنیم که هیچ تصوّر علّی نمی‌تواند آن‌ها را تشریح کند.

هر تعمیم بی‌تناقضی از فیزیک کلاسیک، که ازطرفی بخواهد به‌وجود کوانتوم توجّه کند، و ازطرف دیگر به حفظ تفسیر بی‌ابهام شواهد تجربی دربارهٔ جرم ماندی و بار الکتریکی الکترون و هسته بپردازد، با کاری بسیار دشوار روبه‌رو است. امّا با کوشش‌هایی، که نسلی از نظریّه‌پردازان فیزیک، به‌خرج دادند، اندک‌اندک توفیق پیدا کردند تا تشریحی منطقی و جامع از پدیده‌های اتمی در چارچوبی گسترده‌تر به‌تدریج ارائه دهند. این تشریح از صورت‌گرایی ریاضی‌ای استفاده می‌کند که درآن متغیّرهای نظریّه‌های فیزیک کلاسیک با نمادهایی جایگزین می‌شود که تابعی از یک الگوریتم غیر جابه‌جایی است که خود ثابت پلانک را اساساً دربر دارد. این صورت‌گرایی، به‌دلیل خصلت ریاضی چنین انتزاعاتی، امکان تشریح روشن به مفهوم متداول را نمی‌دهد، بلکه مستقیماً این هدف را دنبال می‌کند تا میان مشاهدات به‌دست‌آمده در شرایط تجربی کاملاً مشخّص، روابطی را برقرار کند. امّا ازآنجاکه فرایندهای کوانتومی منفرد مختلف می‌تواند در آرایش تجربی مشخّصی به‌وقوع بپیوندد، این روابط ذاتاً طبیعتی آماری دارد.

به‌کمک صورت‌گرایی مکانیک کوانتومی موفّق شدیم به تشریحی جامع از شمار زیادی از نتایج تجربی از خواصّ فیزیکی و شیمیایی مادّه برسیم. به‌علاوه، با سازگارکردن این صورت‌گرایی با مقتضیّات ناوردایی در نظریّهٔ نسبیّت، این امکان هم به‌وجود آمد تا میان شناخت‌هایی که با سرعتی روزافزون از خواصّ ذرّات بنیادی و ساختمان هستهٔ اتمی به‌دست می‌آوردیم، نظم ایجاد کنیم. باوجود کارایی اعجاب‌برانگیز مکانیک کوانتومی، اعراض جدّی از شیوهٔ معمول تشریح فیزیکی و به‌خصوص از فکر جبرگرایی، در فکر بسیاری از فیزیک‌دان‌ها و فیلسوفان این شک را به‌وجود آورد تا از خود سؤال کنند که آیا این وضع موقّتی است، یا اینکه، در تشریح عینی، خود را دربرابر مرحله‌ای قطعی می‌بینند. برای روشن‌شدن این مسئله لازم شد تا در اصولی که تشریح و فهم تجارب فیزیکی بر آن‌ها استوار است، عمیقاً تجدیدنظر کنیم.

دراین‌باره، به‌خصوص باید توجّه داشته باشیم که حتّی وقتی پدیده‌ها از محدودهٔ نظریّه‌های فیزیک کلاسیک فراتر می‌رود، تشریح آرایش‌های تجربی و ثبت مشاهدات باید به‌زبانی ساده بیان شود که آن را به‌طرز مناسبی با افزودن واژه‌های فنّی فیزیک غنی‌تر کرده باشیم. این خود درخواست منطقی روشنی است، زیرا واژهٔ «تجربه» به وضعیّتی اشاره می‌کند که بتوان دربارهٔ آن دیگران را از اینکه چه کرده‌ایم، و چه یاد گرفته‌ایم، مطّلع کرد. امّا اختلاف اساسی، در تحلیل پدیده‌ها، میان فیزیک کلاسیک و فیزیک کوانتومی این است که در اوّلی از برهم‌کنش میان اشیاء و ابزارهای اندازه‌گیری می‌توان چشم‌پوشید، یا آن‌ها را جبران کرد، درحالی‌که در دوّمی این برهم‌کنش خود جزء تشکیل‌دهندهٔ پدیده‌هاست. به‌این‌سبب،

کلّیّت اساسی پدیده‌های کوانتومی، بیان منطقی خود را در اینجا می‌یابد که قصد تقسیم به جزء آن، ما را ناگزیر به تحمیل تغییری بر آرایش تجربی می‌کند که خود مانع بروز پدیدهٔ موردنظر می‌شود.

به‌ویژه، ازآنجاکه امکان مهار جداگانهٔ برهم‌کنش اشیای اتمی با ابزارهای اندازه‌گیری، که در تعیین شرایط تجربی به‌کار رفته، وجود ندارد، این امر مانع می‌شود تا مختصّات فضا–زمانی و قوانین دینامیک پایستگی را،

که تشریح علّت‌گرای فیزیک کلاسیک بر آن استوار است به یکدیگر مرتبط کنیم. هر استفادهٔ بی‌ابهامی از مفاهیم زمان و مکان به آرایش تجربی‌ای رجوع می‌کند که اصولاً انتقال مهارنشدنی تکان و انرژی بر روی ابزارهای اندازه‌گیری‌ای را در خود دارد، که برای تعیین نظام مرجع لازم است. این ابزارهای اندازه‌گیری می‌تواند خط‌کش‌های مدرّج ثابت یا ساعت‌های هم‌زمان باشد. تشریح پدیده‌هایی هم، که با قوانین پایستگی تکان و انرژی مشخّص می‌شود، به‌عکس ایجاب می‌کند تا اصولاً از هماهنگی فضا–زمانی تفصیلی آن‌ها چشم‌پوشی کنیم. این حالات بیان کمّی خود را در روابط عدم‌قطعیّت *هایزنبرگ* می‌یابد که آزادی در تعیین متغیّرهای سینماتیکی و دینامیکی دربرابر یکدیگر در تعریف حالت یک نظام فیزیکی را نشان می‌دهد. چنین روابطی را، با درنظرگرفتن صورت‌گرایی مکانیک کوانتومی، نمی‌توان با استفاده از خواصّی از اشیاء، که از تصوّرات کلاسیک به‌عاریت گرفته شده باشد، توضیح داد. در اینجا بیشتر این واقعیّت مطرح است که میان شرایطی، که امکان استفادهٔ روشن از مفاهیم زمان و مکان را ازیک‌طرف، و ازطرف دیگر قوانین دینامیک پایستگی را می‌دهد، مغایرت وجود دارد.

دراین‌باره، گاهی از «اختلال پدیده براثر مشاهده» یا «ایجاد خواصّ فیزیکی در اشیای اتمی از راه اندازه‌گیری» صحبت می‌شود. چنین گفته‌هایی گمراه‌کننده است، زیرا واژه‌هایی چون پدیده و مشاهده، و خاصّیت و اندازه، در اینجا طوری به‌کار رفته است که نه با زبان معمول و نه با تعریف مشخّص آن‌ها سازگار است. درنتیجه، در تشریح عینی درست‌تر این است که واژهٔ پدیده را فقط درمورد مشاهداتی به‌کار گیریم که در شرایط کاملاً مشخّص به‌دست آمده باشد و دربرگیرندهٔ آرایش تجربی هم باشد. با چنین مجموعه‌ای از اصطلاحات، مسئلهٔ مشاهده در فیزیک کوانتومی دیگر دشواری‌های خاصّ خود را ندارد. به‌علاوه، چنین تعریفی به ما یادآور می‌شود که هر پدیدهٔ اتمی قطعاً بسته است، یعنی مشاهدهٔ آن بر ثبت اطّلاعاتی استوار است که به‌کمک دستگاه‌های تقویّتی با اثرهای برگشت‌ناپذیر به‌دست آمده است، مانند اندازه‌گیری اثرهای به‌جای‌مانده بر روی صفحهٔ عکّاسی که به‌سبب نفوذ الکترون‌ها در مخلوط پدیدار شده است. باید توجّه داشت که صورت‌گرایی مکانیک

کوانتومی تنها درمورد پدیده‌های بسته ازاین‌نوع کاربرد درست دارد. ازاین‌لحاظ، این صورت‌گرایی تعمیمی منطقی از فیزیک کلاسیک است که در آن هر مرحله‌ای در جریان وقوع رویدادها، می‌تواند با کمیّت‌های اندازه‌پذیر تشریح شود.

روشن است که ما آزادی در اجرای تجربه را، که مورد قبول فیزیک کلاسیک است، حفظ می‌کنیم. این آزادی در انتخاب آرایش‌های تجربی، همان چیزی است که ساختار ریاضی صورت‌گرایی مکانیک کوانتومی ارائه می‌دهد. این واقعیّت که یک و همان آرایش تجربی ممکن است نتایج منفرد مختلفی به‌دست دهد، گاهی مجازاً به معنای «انتخاب آزاد طبیعت» میان امکانات متعدّد بیان شده است. لازم به تأکید نیست که چنین عبارتی چیزی به معنای نسبت‌دادن شخصیّت به طبیعت نیست، بلکه تنها به معنای آن است که امکان صدور دستور درمورد جریان پدیده‌ای بسته و تقسیم‌نشدنی براساس روش‌های متداول وجود ندارد. در اینجا تشریح منطقی باید محدود به برآورد احتمال نسبی وقوع پدیده‌های مختلف منفرد شود که در شرایط تجربی مشخّصی می‌تواند پدیدار شود. به‌این‌ترتیب مکانیک کوانتومی نشان‌دهندهٔ تعمیمی منطقی از تشریح مکانیکی علّت‌گرایی است که می‌توان به آن چون حدّ مجانبی از مکانیک کوانتومی نظر داشت، به‌شرط آنکه پدیده‌های فیزیکی در مقیاسی آن‌چنان بزرگ باشد تا بتوان از کوانتوم کنش چشم‌پوشی کرد.

یکی از بارزترین مشخّصات فیزیک اتمی، وجود رابطهٔ جدیدی بین پدیده‌های مشاهده‌شده در شرایط تجربی‌ای است که تشریح آن‌ها به مفاهیم اوّلیّهٔ متفاوتی نیاز دارد. در تشریح جریان پدیده‌های اتمی به‌کمک مفاهیم کلاسیک، هرچند این تجارب متناقض با یکدیگر به‌نظر رسد، باید به آن‌ها، به این معنی که به‌طور یکسان شناختی اساسی درمورد نظام‌های اتمی را نشان می‌دهد، و این شناخت را در تمامیّت آن جویا ست، مکمّل یکدیگر دانست. مفهوم مکمّلی به‌هیچ‌وجه به معنای دست‌کشیدن ما از جایگاه خود چون ناظری جدا از طبیعت نیست، بلکه بیشتر به معنای بیان منطقی موقعیّت ما درمورد تشریح عینی در این حوزهٔ تجربی است. قبول این واقعیّت که برهم‌کنش میان ابزارهای اندازه‌گیری و نظام‌های فیزیکی مورد مطالعه، خود جزء تشکیل‌دهندهٔ پدیدهٔ کوانتومی است، نه‌تنها محدودیّت دورازانتظار مفهوم مکانیکی طبیعت را - که خواصّ کاملاً معیّنی به خود نظام‌های فیزیکی نسبت می‌دهد - بر ما آشکار کرد، بلکه ما را ناگزیر کرد تا در نظم‌دادن به تجربیّات خود، به مسئلهٔ مشاهده توجّه خاص کنیم.

وقتی به این سؤال - که دربارهٔ آن فراوان بحث کردیم - باز می‌گردیم که چه انتظاری از توضیح فیزیکی می‌رود، نباید فراموش کنیم که مکانیک کلاسیک یافتن علّت برای حرکت یکنواخت را منتفی دانسته است؛ و به‌علاوه، نظریّه نسبیّت به ما آموخت که چگونه باید

دلایل ناوردایی و هم‌ارزی را مقولاتی از تشریح منطقی دانست. به‌همین‌منوال، در تشریح مکمّلی فیزیک کوانتومی با تعمیم منطقی تازه‌ای سروکار داریم که امکان گنجاندن قانونمندی‌هایی را در خود می‌دهد که در تشریح خواصّ اساسی مادّه قطعاً مؤثّر است، امّا از حدود تشریح علّت‌گرای فراتر می‌رود. تاریخ علم فیزیک به ما نشان می‌دهد که چگونه کاوش در حوزه‌های تجربی گسترده‌تر که محدودیّت‌های غیرمنتظرهٔ مفاهیم معمول را افشا می‌کند، راه‌های تازه‌ای دربرابر ما می‌گشاید تا بنای نظم منطقی را احیا کنیم. چنان‌که بعدازاین نشان خواهیم داد، درس معرفت‌شناختی، که پیشرفت فیزیک اتمی با خود آورد، یادآور موقعیّت‌های مشابه دیگری در تشریح تجربه و فهم آن است که از مرزهای علم فیزیک فراتر می‌رود، و به ما اجازه می‌دهد تا خصلت‌های مشترکی را بیابیم که به ما در کار جست‌وجو در یکپارچگی شناخت کمک می‌کند.

وقتی حوزهٔ خاصّ فیزیک را ترک می‌کنیم، به اوّلین مسئله‌ای که برخورد می‌کنیم، مسئلهٔ جایگاه ارگانیسم‌های زنده در تشریح پدیده‌های طبیعی است. در آغاز میان جان‌دار و بی‌جان فرق دقیقی قایل نبودیم. چنان‌که می‌دانیم، این ارسطو بود که با تأکید بر کلّیّت ارگانیسم‌های منفرد، به مخالفت با فکر اتم‌گرایان برخاست و حتّی در بحث خود دربارهٔ مبانی مکانیک، مفاهیم غایت و قوه را حفظ کرد. امّا کشفیّات مهمّ در کالبدشناسی و فیزیولوژی درعصر نوزایی، و به‌خصوص پیدایی مکانیک کلاسیک، که در تشریح علّت‌گرایش غایت را ذکر نمی‌کند، موجب پیدایی تصوّری کاملاً ماشین‌گرای از طبیعت شد، به‌طوری‌که شمار زیادی از وظایف حیاتی را توانستیم با خواصّ فیزیکی‌-شیمیایی یکسان مادّه، که به‌کمک تصوّر اتمی ساده به‌درستی روشن شده بود، توضیح دهیم. درست است که ساختمان و طرز کار ارگانیسم‌ها از نظمی در فرایندهای اتمی برخوردار است که گاه به‌نظر دشوار می‌آمد تا با قوانین ترمودینامیک سازگار باشد. همین قوانین، گرایش پیوسته به‌سوی بی‌نظمی در میان اتم‌های سازندهٔ نظام فیزیکی بسته را ایجاب می‌کند. امّا اگر این مورد را به حساب آوریم که ارگانیسم، انرژی آزاد لازم برای بقاء و رشد خود را پیوسته از محیط با تغذیه و تنفس می‌گیرد، به‌روشنی دیده می‌شود که دیگر نمی‌تواند به‌هیچ‌وجه صحبت از نقض قوانین کلّی فیزیکی در میان باشد.

در دهه‌های اخیر، در شناخت ساختمان و طرز کار ارگانیسم‌ها پیشرفت‌های زیادی کرده‌ایم و به‌خصوص این مسئله روشن شد، که قانون‌مندی‌های کوانتومی در اینجا وظیفه‌ای اساسی دارد. این قانونمندی‌ها تنها در پایداری چشم‌گیر ساختارهای مولکولی بسیار پیچیده اهمیّت ندارد، بلکه در اجزایی هم دیده می‌شود که مسئولیّت خصوصیّات ارثی یک تیره در سلول‌ها را عهده‌دار است؛ همچنین، بررسی پدیدهٔ جهش — که با قراردادن ارگانیسم‌ها دربرابر تابش

نافذ روی می‌دهد — نشان داد که قوانین آماری مکانیک کوانتومی در اینجا هم کاربردی چشم‌گیر دارد. به‌علاوه، این نکته اثبات شد که حسّاسیّت اعضای مدرکه، که تمامیّت ارگانیسم به آن بستگی دارد، غالباً به حدّ مرتبهٔ بزرگی فرایندهای کوانتومی منفرد می‌رسد، و مکانیسم‌های تقویّت، به‌خصوص در انتقال پیام‌های عصبی، اهمیّت زیادی دارد. همهٔ این سیر — هرچند به شکلی کاملاً جدید — دوباره تصوّر ماشین‌گرای از مسائل زیستی را پیش می‌کشد. این سؤال درعین‌حال با حدّت مطرح می‌شود که آیا مقایسهٔ ارگانیسم با نظام‌های پیچیده فیزیکی، مانند تأسیسات صنعتی امروزی، یا ماشین‌های حسابگر الکترونیکی، می‌تواند اصول لازم بر تشریح عینی کلّیّت‌هایی مانند ارگانیسم‌های زنده را، که خودتنظیم‌اند، ارائه دهد؟

در نگاهی دوباره به درس معرفت‌شناختی عمومی، که فیزیک اتمی به ما ارائه داده، باید به‌خصوص به این نکته آگاه باشیم که فرایندهای بستهٔ موردمطالعه در فیزیک کوانتومی را نمی‌توان با وظایف زیستی، که حفظ آن‌ها به تبادل مداوم مادّه و انرژی میان ارگانیسم و محیط نیاز دارد، مستقیماً مقایسه کرد. به‌علاوه، اجرای تجربه‌ای که امکان مهار این وظایف را تا حدّی دهد که بتوان تشریحی کاملاً مشخّص به زبان فیزیک از این وظایف به‌دست داد، مانع نمود آزاد حیات می‌شود. درست همین واقعیّت، نظری دربارهٔ مسئلهٔ حیات پیش می‌کشد، که در آن حدّ تعادل میان دیدگاه ماشین‌گرای و غایت‌گرای ملحوظ است. همچنان‌که کوانتوم کنش درتشریح پدیده‌های اتمی، عنصری به‌نظر می‌رسد که توضیحش نه ممکن است، نه ضروری، به‌همین‌منوال، باید به مفهوم حیات در زیست‌شناسی مانند مفهومی «اوّلیهٔ» نظر داشت. در این علم، وجود و تکامل ارگانیسم‌های زنده، مانند تجلّی امکانات طبیعت — که ما خود به آن تعلّق داریم — به‌نظر می‌رسد، نه چون نتایج آزمایش‌هایی که ما خود آن‌ها را انجام داده‌ایم. درواقع باید بپذیریم که شرایط تشریح عینی، دست‌کم درجهتی که این شرایط متوجّه آن است، در اینجا به شیوهٔ مکمّلی محقّق است، زیرا در این شیوه، ازطرفی دلایل برتمامی منابع فیزیک و شیمی متّکی است، و ازطرف دیگر بر مفاهیمی که از گسترهٔ علوم فراتر می‌رود و مستقیماً به تمامیّت ارگانیسم‌ها مربوط می‌شود. نکتهٔ اساسی این است که تنها چشم‌پوشی از توضیح حیات، به معنای متداول این واژه، به ما امکان می‌دهد تا ویژگی‌های آن را به حساب بیاوریم.

مسلّم است که در زیست‌شناسی هم، مانند فیزیک، ما جایگاه خود چون ناظر خارجی را حفظ می‌کنیم، و تنها اختلاف بر سر جمع منطقی تجارب در شرایط متفاوت است. همین نکته در مطالعهٔ رفتار غریزی و مشروط حیوانات و انسان هم درست است، زیرا در تشریح رفتار آن‌ها مفاهیم روان‌شناسی مستقیماً خود را می‌نمایانند. صرف‌نظرکردن از این مفاهیم،

حتّی اگر شیوهٔ مشاهدهٔ رفتارگرایانه مدّ نظر باشد، به‌دشواری ممکن است. و همین‌که خود را دربرابر رفتاری چنان پیچیده می‌یابیم، که تشریحش مطالعهٔ شعور ارگانیسم فردی را ایجاب کند، مفهوم شعور هم باید درنظر گرفته شود. در اینجا با موارد استفاده از واژهٔ غریزه و عقل سروکار داریم که با یکدیگر مغایرت دارد؛ این امر در شدّت سرکوب رفتار غریزی در جوامع بشری دیدنی است. هرچند برای ما مشکل است تا در تشریح زندگی فکری خود، ناظر بی‌طرف بمانیم، در روان‌شناسی انسان بازهم ممکن است تا الزامات تشریح عینی را به‌صورت وسیع حفظ کنیم. دراین‌باره، این نکته مهم است، درحالی‌که در مراحل اوّلیّهٔ تکامل فیزیک به خصلت‌هایی از حوادث زندگی روزمرّه اعتماد می‌کردیم که امکان تشریح علّی ساده‌ای را می‌داد، در تشریح زندگی فردی از همان آغاز پیدایی زبان، اساساً تشریح مکمّلی را به‌کار گرفته‌ایم. حقیقت این است که مجموعهٔ غنی اصطلاحات که برای مبادلهٔ اطّلاعات مناسب است، به زنجیره‌ای نامنقطع از رویدادها اشاره نمی‌کند، بلکه بیشتر به‌کار تشریح تجارب مغایر با یکدیگر می‌آید که مشخّصهٔ آن‌ها خطّ فاصل‌های مختلفی است که میان محتوا، که توجّه ما به آن متمرکز است، و پیشینه‌ای که «خود ما» می‌نامیم، وجود دارد.

مثال بارز دراین‌باره، رابطهٔ موجود میان موقعیّت‌هایی است که ما به انگیزه‌های اعمال خود می‌اندیشیم، و در آن‌ها خواست اراده را احساس می‌کنیم. در زندگی روزانه، جابه‌جایی حدّفاصل میان این دو کم‌وبیش به‌طور شهودی پذیرفته شده است، امّا در روان‌پزشکی نشانه‌هایی به نام «اختلالات خودها» وجود دارد که می‌تواند به انقسام شخصیّت، که کاملاً شناخته شده است، بینجامد. استفاده از خصلت‌هایی به‌ظاهر متضادّ که به وجوهی از شعور انسان باز می‌گردد که همه به یک‌اندازه مهم است، مشابهت زیادی با موقعیّت ما در فیزیک اتمی دارد که در آن، پدیده‌های مکمّل در تعریف خود، مفاهیم اوّلیّهٔ مختلف را می‌طلبد. این واقعیّت که واژهٔ «آگاه» به تجاربی اشاره دارد که می‌تواند در حافظه نگهداری شود، به مقایسهٔ میان تجارب آگاه و مشاهدات فیزیکی نزدیک می‌شود. در این مقایسه، دشواری در دادن محتوایی کاملاً مشخّص به ناخودآگاهی، با عدم امکان ارائهٔ تفسیر روشن از صورت‌گرایی مکانیک کوانتومی مطابقت دارد. در همین زمینه می‌توان گفت که معالجهٔ نوروزها با روان‌کاوی، پیش‌ازاینکه بخواهد به بیمار کمک کند تا اعماق ناخودآگاهی خود را برآورد کند، به برقراری مجدّد تعادل در محتوای حافظهٔ بیمار با افزودن تجربهٔ آگاه و جدید می‌کوشد.

از دیدگاه زیست‌شناسی، می‌توان ویژگی‌های پدیده‌های روانی را با این نتیجه‌گیری تفسیر کرد که هر تجربهٔ آگاه بر ارگانیسم اثری از خود باقی می‌گذارد که به معنای ضبط

برگشت‌ناپذیر در سلسلهٔ اعصاب از نتایج فرایندهایی است، که بر درون‌نگری بسته است و با مفاهیم ماشین‌گرای به‌دشواری می‌توان تحلیلی جامع از آن‌ها به دست داد. اثرهای برجای‌مانده، که بر برهم‌کنش سلول‌های عصبی بی‌شمار استوار است، اساساً با ساختمان همیشگی سلول‌های منفرد ارگانیسم، که تکثیر آن‌ها ژنتیکی است، تفاوت دارد. از دیدگاه غایت‌گرای، علاوه‌بر سودمندی اثرهای برگشت‌ناپذیر، باید تأثیر آن‌ها برواکنش‌های ما دربرابر محرک‌های خارجی را هم برشمرد. همچنین باید اهمّیّت این واقعیّت را نیز یادآور شد که نسل‌های بعدی حامل تجارب شخصی یک فرد نیست، بلکه منحصراً بر تکثیر این خواصّ ارگانیسم استوار است که به کسب و استفاده از آن تجربه‌ها کمک کرده است. اگر بخواهیم این تحقیقات را پی بگیریم، مسلّم است که با مشکلات فزاینده‌ای روبه‌رو خواهیم شد؛ و روشن است که هرچه بیشتر به ویژگی‌هایی از ارگانیسم‌های زنده که به آگاهی مربوط است، نزدیک‌تر شویم، مفاهیم سادهٔ فیزیکی هم به‌میزانی فزاینده قابلیّت استفادهٔ مستقیم خود را از دست می‌دهد.

برای آنکه این دلایل را بهتر نشان دهیم، مسئلهٔ قدیمی آزادی اراده را به‌اختصار یادآوری می‌کنیم. بنابرآنچه گفتیم، واژهٔ اراده در تشریح جامع پدیده‌های روانی ضروری است. امّا سؤالی که در اینجا مطرح می‌شود، این است که تا چه‌حدّ می‌توانیم از آزادی عمل در چارچوب امکانات خود صحبت کنیم. بدیهی است که از دیدگاه علّت‌گرایی مطلق، چنین آزادی‌ای مسلّماً منتفی است. امّا درس کلّی فیزیک اتمی و به‌خصوص درسی که از گستره متناهی تشریح مکانیستی پدیده‌های زیستی گرفتیم، این فرض را پیش می‌کشد که توانایی ارگانیسم در سازش با محیط، این قدرت را در خود دارد تا مناسب‌ترین راه را برگزیند. باتوجّه‌به اینکه پاسخ به چنین سؤالاتی براساس فیزیک محض، غیرممکن است، پذیرفتن این نکته مهم است که تجربهٔ ذهنی شاید بتواند اطّلاعات مهم‌تری دربارهٔ آن بدهد. مثلاً برای پیش‌بینی اینکه شخصی در موقعیّت معیّنی، به چه‌کاری تصمیم خواهد گرفت، نه‌تنها نخست می‌کوشیم سوابق ذهنی او را بیابیم — مثلاً زندگی گذشتهٔ او را باتوجّه‌به تأثیراتی که بر شخصیّت او به‌جا گذاشته است — بلکه سرانجام هم کوشش می‌کنیم تا خود را جای او بگذاریم. روشن است که نمی‌توان گفت آیا کسی فلان کار را می‌کند، چون گمان می‌کند می‌تواند آن را انجام دهد، یا آنکه می‌تواند آن را انجام دهد، چون آن را می‌خواهد. امّا این را هم نمی‌توانیم انکار کنیم که همگی ما احساس می‌کنیم، باید از شرایط موجود به‌بهترین وجهی استفاده کنیم. از دیدگاه تشریح عینی، در اینجا نه چیزی می‌توان به آن افزود و نه چیزی از آن کاست، و درست به‌همین‌معنی است که حق داریم هم عملاً، هم منطقاً از «آزادی ارادهٔ خود» به‌طریقی صحبت کنیم تا جایی بر آزادی بر استفاده از واژه‌هایی چون

«مسئولیت» و «امید» بماند، هرچند هریک از این واژه‌ها به‌طور جداگانه همان‌قدر تعریف‌نشدنی است که دیگر واژه‌هایی که انسان‌ها در مراودات خود با یکدیگر ناگزیر به‌کار می‌گیرند.

این‌گونه ملاحظات توجّه ما را به نتایج درس معرفت‌شناختی دربارهٔ جایگاه ناظری مانند ما می‌کشاندکه پیشرفت فیزیک به ما داده است. این درس به جای چشم‌پوشی از آنچه خواسته‌های معمول ما از تبیین است، ابزارهای منطقی در اختیارمان می‌گذارد تا به ایجاد نظم در زمینه‌های تجربی وسیع‌تری بپردازیم که در آنجا توجّه دقیق بر خطّ فاصل میان ذهن و عین لازم است. امّا ازآنجاکه در متون فلسفی گاهی صحبت از درجات مختلف عینیّت و ذهنیّت و یا حتّی واقعیّت است، باید در اینجا به این نکته تأکید کنیم که برای مفهوم عامل معرفت غایی، مانند مفاهیم دیگری مانند واقع‌گرایی و پندارگرایی، درتشریح عینی — آن‌چنان‌که ما به تعریف آن پرداختیم — جایی وجود ندارد. این امر، بااین‌حال به معنای محدودیّت بر دامنهٔ مطالعات ما نیست.

حال‌که به بحث دربارهٔ برخی از مسائل علمی محض پرداختیم که با یکپارچگی علم مرتبط بود، به مسئلهٔ دیگری می‌پردازم که در برنامهٔ کار ما قرار دارد. مسئله این است: آیا حقایق دیگری، مانند حقیقت شعری، معنوی و یا حقیقت فرهنگی در کنار حقیقت علمی وجود دارد؟ با همهٔ احتیاط‌هایی که زیبندهٔ اهل علم است تا در پرداختن به این مسئله به‌خرج دهند، به خود جرأت می‌دهم تا دربارهٔ این مسئله هم، بر مبنای نظری که پیشتر بیان کردیم، ملاحظاتی را بیفزایم. قبول اینکه میان ابزارهای بیان و حوزهٔ تجربی، که ما با آن سروکار داریم، رابطه‌ای وجود دارد، ما را مستقیماً دربرابر رابطهٔ میان هنر و علم قرار می‌دهد. اینکه هنر، ما را غنی‌تر می‌کند، به‌این‌دلیل است که می‌تواند آواهایی را به گوش ما برساند که در ورای تحلیل نظام‌مند است. می‌توان گفت که ادبیات، نقاشی و موسیقی تشکیل دنباله‌ای از شیوه‌های بیان را می‌دهد که در آنجا از تعریف رویدادها - که مشخّصه‌ای از مبادلهٔ اطّلاعات علمی است - هرچه بیشتر چشم‌پوشی می‌کنیم؛ امری که به خیال میدان عمل گسترده‌تری می‌دهد. به این هدف، به‌خصوص درهنر شعر، از راه ترکیب کلماتی دست می‌یابیم که به موقعیّت‌های متغیّر ناظر اشاره می‌کند و جنبه‌های چندگانهٔ تجربهٔ بشر را از راه احساس به یکدیگر پیوند می‌دهد.

بی‌آنکه بخواهیم الهاماتی را که لازمه هر اثر هنری است نادیده بگیریم و قصد بی‌حرمتی داشته باشیم، یادآوری می‌کنیم که هنرمند حتّی در اوج خلقِ اثر هنری خود، بر بنیان بشری، که میان همهٔ ما مشترک است، قرار دارد. به‌خصوص، باید توجّه داشته باشیم که واژه‌ای چون بداهه‌گویی، که هنگام صحبت از توانایی هنری به‌سادگی به زبان می‌آید، خود به

خصلت اساسی هر اطّلاعی اشاره می‌کند. هرچند در محاورات معمول، کلماتی که به‌کار می‌گیریم تا فکر خود را از آنچه در دل داریم بیان کنیم، کم‌وبیش ناآگاهانه است، به‌هنگام نوشتن هم، از آنجاکه فرصت بررسی مجدّد هر واژه را داریم، تصمیم نهایی بر اینکه واژه‌ای را باقی نگذاریم و یا آن را اصلاح کنیم، خود اساساً به معنای نوعی بداهه‌گویی است. توازن میان شوخی و جدّی، که مشخّصهٔ هر اثر هنری موفّق است، خود یادآور جنبه‌های مکمّلی است که در بازی کودکان به چشم می‌خورد و بزرگسالان نیز به همان‌اندازه به آن علاقه‌مندند. مثلاً اگر تلاش کنیم تا همیشه جدّی حرف بزنیم، با این خطر رودررو می‌شویم که حرف‌هایمان برای حضّار و خود ما خسته‌کننده شود. امّا اگر بخواهیم همهٔ حرف‌ها را به‌شوخی بگوییم، بازهم با این خطر رودررو می‌شویم تا خود و دیگران را در وضع روحی مأیوس‌کننده‌ای قرار دهیم که یادآور مضحکه‌های شکسپیری است.

درمقایسهٔ میان علم و هنر، مسلّماً نباید فراموش کنیم که در علم با کوشش‌های منظّمی سروکار داریم تا تجربه‌های خود را گسترش دهیم و مفاهیمی مناسب برای نظم‌دادن به آن‌ها به وجود آوریم، چنان‌که در بنای یک خانه، آجرها را یکی بعد از دیگری حمل می‌کنیم، و کنار هم قرار می‌دهیم. در هنر به‌عکس بیشتر با کوشش‌های فردی مواجه‌ایم تا احساساتی را بیدار کند که به ما کلّیّت موقعیّت ما را یادآوری می‌کند. در اینجا به نقطه‌ای می‌رسیم که مسئلهٔ یکپارچگی علم، درست مانند واژه «حقیقت» ابهامی دربر دارد. حتّی وقتی صحبت از ارزش‌های معنوی و فرهنگی می‌کنیم، مسائل معرفت‌شناختی‌ای به یادمان می‌آید که ازطرفی مرتبط با یافتن توازنی میان آرزوهای ما در به‌دست‌آوردن دیدی جامع از زندگی با جنبه‌های مختلف آن است، و ازطرف دیگر، با امکانات ماست تا به‌شیوه‌ای منطقاً بی‌ابهام خود را بیان کنیم.

درمورد رابطهٔ میان علم و دین، باید گفت که علم، که سعی بر گسترش روش‌های کلّی دارد تا به تجارب مشترک انسان‌ها نظم بخشد، و دین، که از این خواست سرچشمه گرفته است تا به تصوّر ما از جهان و روابط اجتماعی ما دردرون جوامع بشری هماهنگی دهد، اساساً نقاط شروع متفاوتی دارند. مسلّم است که در هر دینی، مجموعهٔ معرفت مشترک میان اعضای آن، در درون چارچوب کلّی آن قرار داشت که محتوای اصلی آن، یعنی ارزش‌ها و آرمان‌های آن، در نیایش‌ها و عبادات به زبان می‌آمد. به‌این‌سبب است که رابطهٔ ذاتی میان چارچوب و محتوا، تا پیش از اینکه پیشرفت علم درس تازهٔ علم جهان‌شناسی و نظریّهٔ معرفت‌شناسی جدید را با خود به‌همراه بیاورد، چندان توجّه ما را به خود نکشانده بود. نمونه‌های تاریخی فراوانی بر این تکامل دلالت دارد، به‌خصوص انشقاق عمیق میان علم و دین که درعصر نوزایی در اروپا با گسترش تصوّر ماشین‌گرای از طبیعت به‌وجود آمد.

ازطرفی بسیاری از پدیده‌ها، که تا آن زمان آن‌ها را تجلّی مشیّت الهی می‌پنداشتیم، چون نتایج قوانین کلّی و تغییرناپذیر طبیعت به‌نظر آمد، و ازطرف‌دیگر، روش‌ها و دیدگاه‌های فیزیکی بر ارزش‌ها و آرمان‌های انسانی، آن‌چنان‌که اساساً در دین به آن می‌پردازند، هیچ تأکیدی نداشت و بسیار از آن دور بود. ثمرهٔ این کار این شد که میان فلسفهٔ به‌اصطلاح تجربی و یا انتقادی، نظر مشترکی پیدا شود که میان شناخت عینی و عقیدهٔ ذهنی، کموبیش تفاوتی قایل می‌شد.

گسترش اخیر علوم، که بر ضرورت جدایی ذهن از عین در تشریح بی‌ابهام تأکید می‌کرد، بنیان جدیدی بر استفاده از واژه‌هایی مانند علم و دین فراهم آورد. شناخت محدودیّت ذاتی مفهوم علّیّت، به‌خصوص چارچوبی ارائه داد که در آن، مفهوم تکامل طبیعی، جای فکر تقدیر و سرنوشت کلّی را گرفت. درمورد سازمان جوامع بشری، شاید به‌خصوص بتوانیم تأکید کنیم که تشریح جایگاه فرد در درون جامعهٔ خودش، به‌خصوص جنبه‌های مکمّلی را نشان می‌دهد که با تغییر مرز میان فهم از ارزش‌ها و پیشینه‌ای که این ارزش‌ها براساس آن داوری می‌شود ، مرتبط است. هر جامعهٔ پایداری مسلّماً خواستار میدان عملی است که با قانون تعیین می‌شود، امّا درعین‌حال هم زندگی هر فرد بدون بستگی به خانواده و آشنایان مهم‌ترین ارزش‌های خود را از دست می‌دهد. اگرچه پیوند نزدیک میان عدالت و نوع‌دوستی هدف مشترک تمامی فرهنگ‌هاست، باید پذیرفت هرجا اجرای دقیق قانون لازم می‌شود، دیگر جایی برای نوع‌دوستی باقی نمی‌ماند، و به‌عکس، خیرخواهی و همدردی می‌تواند با فکر عدالت در تضادّ باشد. این نکته، که دربسیاری از ادیان در نبردهای اساطیری میان خدایان بر سر این آرمان‌ها مجسّم شده است، در فلسفهٔ کهن شرق با این هشدار بیان شده است که به هنگام جستجو در هماهنگی در زندگی بشر، هرگز نباید فراموش کنیم که ما در عرصهٔ زندگی هم بازیگریم و هم تماشاگر.

در مقایسهٔ فرهنگ‌های مختلف، که بر سنّت‌هایی متفاوت استوار بوده و از رویدادهای تاریخی برخاسته است، اگر بخواهیم دربارهٔ فرهنگ یک ملّت با استفاده از سنّت‌های ملّت دیگری داوری کنیم، با دشواری مواجه می‌شویم. رابطهٔ موجود میان فرهنگ‌های ملّی را گاهی رابطهٔ مکمّلی دانسته‌ایم، هرچند این واژه را نمی‌توان به مفهوم دقیق آن، آن‌طورکه در فیزیک اتمی و در تحلیل روان‌شناختی از آن استفاده می‌کنیم، به کار برد، زیرا در فیزیک اتمی و روان‌شناسی سروکار ما با مشخّصه‌های تغییرناپذیر از موقعیّت خود ماست. تماس میان ملّت‌ها نه تنها به ادغام فرهنگ‌هایی منتهی شده که هریک عناصر پرارزش سنّت‌های ملّی خود را حفظ کرده است، بلکه به‌همین‌دلیل است که تحقیقات مردم‌شناسی به‌تدریج به منبع مهمّی در روشن‌کردن خصلت‌های مشترک در تکامل فرهنگ‌های مختلف تبدیل

شده است. در حقیقت، مسئلهٔ یکپارچگی علم را نمی‌توان از آن کوشش‌هایی جدا کرد که از راه فهم کلّی از یکدیگر وسیله‌ای برای پیشبرد فرهنگ‌های بشری فراهم می‌آورد.

درخاتمه گمان می‌کنم باید از اینکه در صحبتم دربارهٔ موضوع‌های کلّی، مکرّر به حوزهٔ علم فیزیک رجوع کردم، پوزش بخواهم. باوجوداین کوشش کردم گرایش کلّی‌ای را نشان دهم که این روزها از درسی جدّی دراین زمینه به دست آمده است که در دسترس ماست و به‌نظر من برای فهم مسئلهٔ یکپارچگی علم اهمّیّت زیادی دارد. این گرایش را می‌توان کوششی درجهت فهم یکپارچه از جنبه‌هایی از موقعیّت خود دانست که هر روز بر آن افزوده می‌شود؛ کوششی استوارشده بر قبول این واقعیّت که هیچ تجربه‌ای بدون چارچوب منطقی، تعریف‌شدنی نیست، و هر ناهماهنگی آشکاری را می‌توان با گسترده‌تر کردن مناسب این چارچوب فکری ازمیان برداشت.

اتم و شناخت بشری

سخنرانی در جلسهٔ «فرهنگستان سلطنتی علوم دانمارک»، اکتبر ۱۹۵۵

درتاریخ علم کمتر دوره‌ای را می‌توان یافت که با قرن ما مقایسه‌شدنی باشد، زیرا اکتشاف دنیای اتم پیشرفت‌های بزرگی را نصیبمان کرد، و بر توانایی ما بر چیرگی بر طبیعت، که ما خود جزئی از آنیم، افزود. با رشد شناخت و فزونی‌یافتن قدرت ما، مسئولیت ما هم به‌همان‌نسبت سنگین‌تر شد. به‌این‌سبب، وفا به وعده و وعیدهای عصر اتمی و ازمیان‌برداشتن خطرهای جدید آن، تمدّن ما را دربرابر آزمایشی بس جدّی قرار می‌دهد که تنها از راه همکاری میان همهٔ مردم، براساس تفاهم کلّی در جامعهٔ بشری، می‌توان از عهدهٔ آن برآمد. در اینجا یادآوری این نکته اهمّیّت دارد که طیّ قرون و اعصار، علم، هیچ حدّومرز جغرافیایی نمی‌شناسد، دستاوردهایش به تمامی بشریّت تعلّق دارد، و انسان‌ها را در کوشش در راه تحقیق در بنیادهای شناخت، به‌گرد یکدیگر جمع کرده است. من در اینجا می‌کوشم تا نشان دهم مطالعهٔ اتم، که نتایج آن حوزه‌های بسیار وسیعی را دربر می‌گیرد و پیشرفت‌های ما دراین زمینه، که با همکاری‌های بین‌المللی میسّر شده است، نه‌فقط به دید ما در زمینه‌ای جدید عمق بیشتری داده، بلکه حتّی به مسائل کلّی شناخت روشنی تازه‌ای داده است.

در نظر اوّل ممکن است تعجّب‌برانگیز باشد که فیزیک اتمی بتواند تعلیماتی با خصلتی عمومی داشته باشد، امّا باید به‌خاطر آورد که فیزیک اتمی در همهٔ مراحل پیشرفت خود به مسائل اساسی شناخت توجّه داشته است. حتّی متفکّران دوران باستان، با قبول تقسیم‌پذیری محدود مادّه، سعی در یافتن بنیانی داشته‌اند تا بتوانند خصلت پایداری در پدیده‌های طبیعی را، باوجود کثرت و تنوع آن‌ها دریابند. اگرچه تصوّرات اتم‌گرایانه از دوران نوزایی تاکنون به‌طور مؤثّری به پیشرفت فیزیک و شیمی کمک کرده است، این تصوّرات را، حتّی تا آغاز این قرن، فرضیّات ساده‌ای می‌پنداشتیم. این امر را هم مسلّم می‌انگاشتیم که اعضای حسّی ما – که خود متشکّل از اتم‌های بی‌شمار است – بی‌دقّت‌تر از آن است که بتواند کوچک‌ترین ذرّهٔ مادّه را مشاهده کند. اکتشاف مهمّ اوایل قرن بیستم این وضع را اساساً تغییر داد. چنان که به‌خوبی می‌دانیم، پیشرفت در فنون تجربی، امکان ثبت اثرهای

اتم‌های منفرد و تحصیل اطّلاعات دربارهٔ ذرّات بنیادی را به‌دست داد، که خود تشکیل‌دهندهٔ اتم‌ها بود.

باوجود تأثیری که اتم‌گرایی دوران باستان بر پیشرفت تصوّر مکانیکی از مفهوم طبیعت به‌جای گذاشت، تنها مطالعهٔ تجارب مستقیماً تحقیق‌پذیر در فیزیک و نجوم بود که سبب شد موفّق به کشف قانون‌مندی‌هایی در فیزیک به‌اصطلاح کلاسیک شویم. دستور *گالیله* دراین‌باره که پدیده‌ها نمی‌تواند جز با کمیّت‌های اندازه‌پذیر تشریح شود، امکان ازمیان‌برداشتن تصوّرات جان‌گرا را، که مدّت‌ها مانعی در صورت‌بندی منطقی مکانیک بود، به‌دست داد. اصول نیوتون شالودهٔ تشریح علّت‌گرای را ریخت. براساس این اصول، با شناخت از وضع یک نظام فیزیکی در لحظهٔ معیّنی، این امکان وجود دارد تا وضع آن را در لحظهٔ آتی دیگری پیش‌بینی کنیم. براساس همین روش‌ها، چندی بعد موفّق به توضیح پدیده‌های الکترومغناطیسی شدیم. برای این کار لازم شد تا به‌منظور تعیین حالت یک نظام، علاوه بر موقعیّت و سرعت اجسام با بارالکتریکی و مغناطیسی، شدّت و جهت نیروهای الکتریکی و مغناطیسی هم در هر نقطه از فضا و در هر لحظهٔ معیّن ملحوظ شود. مدّت‌ها چنین فکر می‌کردیم که چارچوب مفاهیمی که مشخّصهٔ فیزیک کلاسیک است، باید بتواند ابزار مناسبی در تشریح تمامی پدیده‌ها فراهم کند؛ و به‌خصوص به‌نظر می‌رسید این مجموعه با گسترش تصوّرات اتم‌گرای و کاربرد آن‌ها نیز مناسبت دارد. روشن است که برای نظام‌هایی مانند اجسام معمولی - که از تعداد بی‌شماری از ذرّات تشکیل می‌شود - مسئلهٔ تشریح جامع از حالت آن‌ها نمی‌توانست مطرح باشد. باوجوداین، بی‌آنکه از آرمان علّت‌گرای دست بکشیم، با تکیه بر اصول مکانیک کلاسیک موفّق شدیم قانون‌مندی‌های آماری را استنتاج کنیم که گویای بسیاری از خواصّ اجسام مادّی بود. هرچند قوانین مکانیکی حرکت، به جریان فرایندهای منفرد، امکان برگشت کامل را می‌دهد، امّا تنها در تعادل آماری انرژی — که نتیجهٔ برهم‌کنش میان مولکول‌هاست — خصلت برگشت‌ناپذیری پدیده‌های حرارتی را می‌یابیم. این گسترش حوزهٔ کاربرد مکانیک نشان داد که تصوّرات اتم‌گرای، تاچه‌حدّ در تشریح طبیعت ضروری است، چه برای اوّلین‌بار امکان شمارش اتم‌های مادّه را به‌دست داد.

توضیح مبانی قوانین ترمودینامیک که به کشف خصلت کلّیّت در فرایندهای اتمی انجامید، از آموزهٔ قدیمی تقسیم‌پذیری محدود مادّه بسیار فراتر می‌رفت. چنان‌که می‌دانیم، تحلیل عمیق‌تر پدیدهٔ تابش حرارتی سنگ محکی جهت برآورد وسعت تصوّرات فیزیک کلاسیک بود. کشف امواج الکترومغناطیسی مقدّمتاً بنیانی را به‌وجود آورده بود که امکان فهم انتشار نور و توضیح بسیاری از خواصّ نوری اجسام را به‌دست می‌داد. امّا همین‌که قرار شد تا

به‌کمک این تصوّرات، تعادل تابشی را توضیح دهیم، با مشکلاتی غلبه‌نیافتنی مواجه شدیم. این واقعیّت که در اینجا خود را دربرابر دلایلی می‌دیدیم متّکی بر اصول کلّی، و کاملاً مستقلّ از فرضیّات ویژه‌ای مرتبط با عناصر متشکّلهٔ مادّه، پلانک را در اوّلین سال این قرن به‌کشف کوانتوم عام کنش راهنمایی کرد. این کشف به‌روشنی نشان داد تشریح فیزیک کلاسیک تعمیمی آرمانی است که حوزهٔ کاربردش محدود است. در پدیده‌های با مقیاس معمول، کنش‌ها دربرابر کوانتوم آن‌قدر بزرگ است که می‌توان از آن‌ها صرف‌نظر کرد، درحالی‌که در فرایندهای کاملاً کوانتومی با قوانینی مواجه می‌شویم که به‌کلّی با تصوّر مکانیکی از طبیعت بیگانه است و تن به هیچ تشریح علّت‌گرای روشن نمی‌دهد.

وظیفه‌ای که کشف پلانک، به فیزیک‌دانان محوّل می‌کرد، چیزی جز این نبود که با بررسی عمیق فرضیّات پیشین — که کاربرد مفاهیم اوّلیّهٔ فیزیکی برآن‌ها استوار است — کوانتوم کنش در تعمیمی منطقی از تشریح فیزیک کلاسیک گنجانده شود. درجریان پیشرفت فیزیک کوانتومی — که شگفتی‌های بسیاری نیز به‌همراه داشت — پیوسته می‌آموختیم که یافتن راه درست در حوزه‌ای بیگانه با حوزه‌هایی که ابزارهای بیان موجود برای تشریح آن مناسب باشد، تا چه‌حدّ دشوار است. همکاری‌های وسیع و جدّی فیزیک‌دان‌های کشورهای مختلف، که هریک به‌شیوه‌ای، به‌مؤثّرترین وجهی به این امر کمک کردند، تا به مسائل روشنی بیشتری داده شود، پیشرفت‌های مهمّی را ممکن کرد. بدیهی است که دراین مورد امکان بحث دربارهٔ سهم هریک از آن‌ها وجود ندارد، امّا برای آنکه صحبت‌هایم را در این‌باره پی بگیرم، مختصراً برخی از مشخّصات این پیشرفت را یادآوری می‌کنم.

درحالی‌که پلانک محتاطانه به دلایل آماری بسنده می‌کرد و با مشکلاتی مواجه بود که از تحلیل جامع طبیعت — آن هم با اعراض از اصول کلاسیک — ناشی می‌شد، *اینشتین*، جسورانه لزوم توجّه به کوانتوم کنش در پدیده‌های اتمی منفرد را خاطرنشان کرد. وی در همان سال که با ارائهٔ نظریّهٔ نسبیّت به مجموعهٔ مفاهیم فیزیک کلاسیک هماهنگی کلّی بخشید، نشان داد که تشریح مشاهدهٔ اثرهای فوتوالکتریک ایجاب می‌کند انتقال انرژی به هریک از الکترون‌های گسیل شده از اجسام، با جذب یک به‌اصطلاح کوانتوم تابش همراه باشد. امّا ازآنجاکه تصوّر موجی در تشریح نور ضروری بود، مسئلهٔ جایگزینی تصوّر ذرّه‌ای به‌جای تصوّر موجی نمی‌توانست در میان باشد. به‌همین‌دلیل با دشواری خاصّی مواجه شدیم که راه‌حلّش بررسی عمیق‌تر گسترهٔ محدود نمایش تصویری را ایجاب می‌کرد.

چنان‌که می‌دانیم، کشف رادرفورد از هستهٔ اتمی، پاسخ به این سؤال را مشکل‌تر کرد. هستهٔ اتمی، باوجود کوچکی آن، تقریباً تمامی جرم اتم را دربر دارد و بار الکتریکی آن با تعداد الکترون‌های موجود در اتم خنثی برابر است. این کشف تصویری ساده از اتم به‌دست داد

که امکان کاربرد تصوّرات مکانیکی الکترومغناطیسی را فراهم کرد. البتّه این نکته هم کاملاً روشن بود که براساس اصول فیزیک کلاسیک، هیچ ترتیب وضعی از ذرّات با بار الکتریکی نمی‌توانست آن اندازه پایدار باشد که خواصّ فیزیکی و شیمیایی اتم‌ها را بتوان به‌کمک آن توضیح داد. به‌ویژه براساس اصول الکترومغناطیسی کلاسیک، هر حرکت الکترون به دور هستهٔ اتم، باید تابش پیوستهٔ انرژی را تولید می‌کرد، به‌طوری‌که موجب انقباض نظام اتمی شود، تاحدّی که الکترون‌ها با هسته درآمیزد و تشکیل ذرّه‌ای خنثی با ابعادی را بدهد کوچک‌تر ازآنچه برای اتم قایلیم. قوانین تجربی حاکم بر طیف خطّی عناصر، که تا آن زمان برایمان فهمیدنی نبود، اوّلین نشانه‌ها از اهمّیّت کوانتوم کنش در فهم پایداری و اثرهای تابشی اتم را به‌دست داد.

اصل کوانتوم نقطهٔ شروع حرکت بود. بر اساس این اصل، هر تغییری در انرژی اتم نتیجهٔ انتقال کامل اتم از حالتی مانا به حالت مانای دیگر است. به‌علاوه، با قبول این فرض که هر واکنش تابشی اتمی، با انتشار یا جذب یک کوانتوم نور همراه است، تعیین مقادیر انرژی حالت مانا، به‌کمک طیف، برایمان ممکن شد. اینکه تقسیم‌ناپذیری فرایندهای انتقال و یا پیدایش آن‌ها در برخی از شرایط را در چارچوب تشریح علّت‌گرای نتوان توضیح داد، امری بدیهی بود. امّا به‌کمک اصل تناظر این امکان به‌وجود آمد تا تصویری کلّی از شیوه‌های ارتباط الکترونی در اتم‌ها به‌دست دهیم؛ تصویری که گویای بسیاری از خواصّ عناصر بود. اصل تناظر این امکان را فراهم آورد تا با مقایسهٔ فرایندهای واقعی با تکاملی که فیزیک کلاسیک پیش‌بینی می‌کرد، در جستجوی خطّ مشی‌ای درجهت تعمیم آماری شیوهٔ تشریح خود باشیم، به‌طوری‌که این تعمیم با اصل کوانتومی سازگار باشد. این امر به‌تدریج روشن شد که لازم است در تشریح سازگار پدیده‌های اتمی، هرچه بیشتر از استفاده از تصوّرات موجود صرف‌نظر کنیم و با تغییر شکل بنیانی شیوهٔ تشریح خود، جایی برای مشخّصه‌هایی باز کنیم که مشروط به کوانتوم کنش باشد.

راه‌حلّ ارائه شده که حاصل کمک‌های پرارزش عدّه‌ای از برجسته‌ترین نظریّه‌پردازان فیزیک عصر ما بود، درعین‌حال، سادگی اعجاب‌برانگیزی داشت. درست مانند نظریّهٔ نسبیّت، در برخی از انتزاعات ریاضی بسیار پیشرفته، ابزار مناسب برای صورت‌بندی این نظریّه پیدا شد. جای کمیّت‌هایی را، که در فیزیک کلاسیک به‌کار تعیین حالت یک نظام می‌آید، در صورت‌گرایی مکانیک کوانتومی، عملگرهای نمادینی می‌گیرد که خاصّیت جابه‌جایی در آن‌ها را قواعد محاسباتی‌ای محدود می‌کند که درخود آن‌ها کوانتوم کنش وارد می‌شود. از اینجا این نتیجه به‌دست می‌آید که به کمیّت‌هایی چون مختصّات مکانی و مؤلّفه‌های اندازهٔ حرکت یک ذرّه نمی‌توان به‌طور همزمان مقادیر معیّنی نسبت داد. درست

در همین سو، خصلت آماری چنین صورت‌گرایی‌ای، چون تعمیمی طبیعی از شیوهٔ تشریح علّت‌گرای فیزیک کلاسیک پدیدار می‌شود. چنین تعمیمی این امکان را هم به ما داد تا به‌شیوه‌ای منطقی، قوانینی را صورت‌بندی کنیم که فردیّت ذرّات را محدود می‌کند و درعین‌حال مانند خود کوانتوم عام کنش، نمی‌تواند به‌کمک تصوّرات فیزیکی معمول بیان شود.

به‌کمک روش‌های مکانیک کوانتومی موفّق شدیم در عرض سالیان کمی بسیاری از نتایج تجربی را که مرتبط به خواصّ فیزیکی و شیمیایی اجسام بود، توضیح دهیم. این امکان هم به‌دست آمد تا نه‌فقط اتّصال الکترونی دردرون اتم و مولکول را مشروحاً توضیح دهیم، بلکه حتّی دیدی عمقی از ساختمان و واکنش‌های هستهٔ اتمی به‌دست آوریم. در همین زمینه باید یادآور شد، که قوانین احتمالات درمورد تبدیلات خودبه‌خود هسته‌های پرتوزا هم، چون جزئی از تشریح مکانیک کوانتومی آماری، در این شیوهٔ تشریح وارد شد. و سرانجام همین‌که مسئلهٔ مهمّ خواصّ ذرّات بنیادی جدیدی مطرح شد، که به مطالعهٔ تبدیلات هسته‌ای براثر انرژی زیاد در سال‌های اخیر به آن‌ها پی برده بودیم، با تطبیق صورت‌گرایی مکانیک کوانتومی به‌شرایط تغییرناپذیری نظریّهٔ نسبیّت، به‌فهم خود دراین زمینه عمق بیشتری دادیم. امّا در اینجا با مسائل جدیدی مواجه می‌شویم که حلّ آن‌ها به‌وضوح نیازمند انتزاعات جدیدی است که بتواند کوانتوم کنش و بار الکتریکی بنیادی را به یکدیگر مرتبط کند.

هرقدر که درحوزهٔ وسیع تجربه، مکانیک کوانتومی خود را ثمربخش نشان داده باشد، این واقعیّت که چنین مکانیکی ما را مجبور به چشم‌پوشی از انتظارات معمول در فیزیک کلاسیک می‌کند، بسیاری از فیزیک‌دان‌ها و فلاسفه را بر آن داشت تا از خود سؤال کنند: آیا واقعاً مکانیک کوانتومی می‌تواند توضیحی جامع از پدیده‌های طبیعی به‌دست دهد؟ به‌خصوص این نظریّه ارائه شد که شیوهٔ تشریح آماری را باید راه گریز موقّتی دانست که درهرصورت شیوهٔ تشریح علّت‌گرای جای آن را خواهد گرفت. بحث جامع دربارهٔ این مسئله، خود توضیحی بر جایگاه ما چون ناظر در حوزهٔ فیزیک اتمی را به‌همراه آورد که به ما درس‌های معرفت‌شناختی آموخت که من درابتدای این صحبت به آن‌ها اشاره کردم. ازآنجاکه هدف علم این است که حوزهٔ تجارب ما را وسیع‌تر کند و به آن‌ها نظم دهد، هر تحلیلی از شرایط شناخت باید بر مطالعهٔ خصلت و شعاع عمل وسایل ارتباطی متّکی باشد. مسلّم است که وسیلهٔ اصلی ما زبان است که به این منظور گسترش یافته است تا ما را در دنیای اطراف خود راهنمایی کند و به جوامع بشری سازمان دهد. گسترش حوزهٔ تجربی ما، بازهم این سؤال را مطرح می‌کند که آیا مفاهیم و تصوّراتی که زبان روزمرّه بیان می‌کند،

در تحقّق منظور ما کافی است؟ مسائل فیزیک، به‌خصوص به‌دلیل سادگی نسبی خود، وسیلهٔ مناسبی برای مطالعهٔ قابلیت کاربردی وسایل ارتباطی است. گسترش فیزیک اتمی به‌خصوص به ما آموخت که این امکان وجود دارد، تا بی‌آنکه بخواهیم از زبان روزمرّه صرف‌نظر کنیم، چارچوبی فراهم آوریم تا بتوانیم تجارب جدید خود را درآن‌میان به‌طور جامع تشریح کنیم.

دراین مورد باید درنظر داشت که در هرگزارشی دربارهٔ تجربه‌ای فیزیکی، شرایط تجربی و مشاهدات مربوطه، الزاماً باید با همان وسایلی تشریح شود که در فیزیک کلاسیک به همین منظور به‌کار می‌آید. مثلاً بررسی ذرّات اتمی منفرد به‌کمک اثرهای برگشت‌ناپذیر تشدید و تقویّت ممکن می‌شود — مثل اثری که نفوذ الکترون بر روی صفحهٔ عکّاسی به‌جا می‌گذارد، و یا تخلیهٔ الکتریکی‌ای که دردرون یک شمارشگر صورت می‌گیرد. مشاهدات ما هم به این امر مربوط می‌شود که ذرّه در چه زمانی و در چه محلّی بر روی صفحه ثبت شده و یا با چه انرژی‌ای وارد شمارشگر شده است. طبیعی است که کسب چنین اطّلاعاتی مشروط به این است که دربارهٔ موقعیّت صفحهٔ عکّاسی نسبت به دیگر قطعات آرایش تجربی — مثلاً حایل‌های تنظیم‌کننده و کشوها که مختصّات فضا- زمانی را تعیین می‌کند، و یا اجسام با بار الکتریکی و مغناطیسی که تعیین‌کنندهٔ میدان‌های نیروی خارجی است که بر ذرّه تأثیر می‌گذارد و به‌این‌ترتیب امکان اساس اندازه‌گیری انرژی را به‌دست می‌دهد — شناخت داشته باشیم. درست است که شرایط تجربی می‌تواند از راه‌های مختلف تغییر کند، امّا آنچه اهمّیّت دارد این است که ما بتوانیم درهر مورد، دیگران را از آنچه انجام داده‌ایم و یا آموخته‌ایم مطّلع کنیم، و بتوانیم طرز کار دستگاه‌های اندازه‌گیری را در چارچوب مفاهیم فیزیک کلاسیک تشریح کنیم.

اما ازآنجاکه تمامی اندازه‌گیری‌ها به اجسامی به‌قدری سنگین مربوط می‌شود که می‌توان در تشریح آن‌ها از اثرهای کوانتوم کنش صرف‌نظر کرد تا اینجا در فیزیک اتمی با مسئلهٔ جدید مشاهده مواجه نیستیم. تشدید اثرهای اتمی که به ما امکان می‌دهد تا تجارب را براساس کمیّت‌های اندازه‌گیری‌شدنی تشریح کنیم، و به پدیده‌ها خصلت فردی خاصّ می‌دهد، یادآور برگشت‌ناپذیری مفهوم مشاهده است. درحالی‌که در چارچوب فیزیک کلاسیک هیچ تفاوتی میان تشریح ابزارهای اندازه‌گیری و تشریح اشیای مورد مطالعه وجود ندارد، موقعیّت ما در مطالعهٔ پدیده‌ای کوانتومی اساساً به‌طرز دیگری است، زیرا کوانتوم کنش محدودیّت‌هایی را در تعیین حالت یک نظام، از راه اندازه‌گیری مختصّات فضا–زمانی مقدار انرژی و تکان، به ما تحمیل می‌کند. امّا ازآنجاکه تشریح علّت‌گرای فیزیک کلاسیک متّکی بر این فرض است که مختصّات فضا–زمانی با قوانین دینامیکی پایستگی سازگاری

کامل دارد، در اینجا طبیعتاً با این مسئله مواجه می‌شویم که آیا چنین شیوهٔ تشریحی می‌تواند بدون محدودیّت درتشریح اشیای اتمی نیز به‌کار رود؟

برهم‌کنش میان اشیاء و ابزارهای اندازه‌گیری در تشریح پدیده‌های کوانتومی در روشن شدن این نکتهٔ اساسی اهمیّت زیادی دارد. چنان‌که *هایزنبرگ* این نکته را خاطرنشان کرده، تعیین محلّ یک شیء در حوزهٔ محدود فضا-زمانی، بر اساس مکانیک کوانتومی، میان ابزارهای اندازه‌گیری و شیء مورد مطالعه مبادلهٔ انرژی و تکانی را با خود به‌همراه می‌آورد، به‌طوری‌که هرچه حوزهٔ موردمطالعه کوچک‌تر باشد، این مبادله بیشتر است. بررسی این مسئله، که تا چه‌حدّ این برهم‌کنش، که به‌همراه مشاهده می‌آید، باید در تشریح پدیده‌ها درنظر گرفته شود، نتیجتاً اهمیّت اساسی داشت. این مسئله بحث‌های عمیق فراوانی را سبب شد. در همین بحث‌ها پیشنهاداتی هم شد که مهار کامل تأثیرات را در نظر داشت. بااین‌حال، در هیچ‌یک از این پیشنهادات به این واقعیّت آن‌قدر توجّه نشد که در تشریح دقیق طرز کار دستگاه‌های اندازه‌گیری، هر برهم‌کنش میان ابزارها و اشیاء اتمی، آن‌چنان‌که کوانتوم کنش آن را ایجاب می‌کند، خود بخش جداناپذیری از پدیده‌های اتمی است.

هر آرایش تجربی که امکان ثبت ذرّهٔ اتمی در حوزهٔ فضا-زمانی محدودی را دهد، به خطّ‌کش‌های اندازه‌گیری مناسب و ساعت‌های همزمان نیازمند است که مهار انرژی و تکان منتقل‌شده به‌خود را بنا بر تعریف دقیق، منتفی می‌کند. به‌عکس، اگر بخواهیم قوانین پایستگی دینامیکی را بی‌ابهام در فیزیک کوانتومی به‌کار بگیریم، باید اصولاً در تشریح پدیده‌ها از تعیین دقیق مختصّات فضا-زمانی چشم‌پوشی کنیم. این مغایرت در شرایط تجربی — که استفاده از مفاهیم اوّلیّه مشروط به آن است — ایجاب می‌کند تا در تشریح پدیده‌ها به کلّ آرایش تجربی توجّه کنیم. هر تقسیم به‌جزءِ معیّنی، سبب تغییری در دستگاه می‌شود که خود باعث بروز پدیده‌های منفرد جدیدی است. این امر درعین‌حال، هم بیان و هم نتیجه‌ای از تقسیم‌ناپذیری پدیده‌های اتمی است. درست در همین‌جاست که اساس تشریح علّت‌گرای فرو می‌ریزد و خصلت آماری پیش‌بینی‌های ما در این واقعیّت به‌وضوح نمودار می‌شود که درشرایط تجربی یکسان، مشاهداتی که ما انجام می‌دهیم می‌تواند به فرایندهای منفرد مختلفی مرتبط باشد.

این ملاحظات نه‌تنها به دشواری ما درمورد انتشار نور پایان داد، بلکه تناقضاتی را ازمیان برداشت که مسئلهٔ نمایش تصویری حالات ذرّات مادّی با خود به‌همراه می‌آورد. روشن است که در اینجا این امکان وجود ندارد تا به‌دنبال توضیح فیزیکی به‌معنای معمول آن بگردیم، بلکه آنچه از یک حوزهٔ تجربی جدید می‌توان انتظار داشت، این است که تضادّهای

ظاهری را بتوان ازمیان برداشت. پدیده‌های اتمی مورد مشاهده، هرقدرکه در شرایط تجربی مختلف، با یکدیگر متضادّ باشد، همگی آن‌ها را، به این مفهوم که هریک کاملاً مشخّص است و در جمع شناختی مشخّص از اشیای اتمی موردمطالعه به‌دست می‌دهد، می‌توان مکمّل یکدیگر دانست. صورت‌گرایی مکانیک کوانتومی، که یگانه هدفِ آن درکِ مشاهداتی است که در شرایط تجربی گوناگون به‌دست می‌آید، و به‌کمک مفاهیم اوّلیّهٔ فیزیکی تشریح می‌شود، تشریح مکمّلی جامعی از حوزهٔ تجربی بسیار وسیعی به‌دست می‌دهد. چشم‌پوشی از نمایش تصویری روشن، تنها به حالت اشیای اتمی مربوط است، درحالی‌که اساس تشریح شرایط تجربی، درست مانند آزادی در انتخاب آن‌ها، کاملاً محفوظ باقی می‌ماند. در همهٔ این روابط، هر صورت‌گرایی‌ای را که فقط بتواند در پدیده‌های بسته کاربرد داشته باشد، باید تعمیمی منطقی از فیزیک کلاسیک دانست.

باتوجّه‌به تأثیر تصوّر مکانیکی از طبیعت بر فکر فلسفی، این مطلب پذیرفتنی است که گاهی در مفهوم مکمّلی ، رجوع به ناظر ذهنی دیده شود؛ امری که خود با عینیّت تشریح علمی ناسازگار است. بدیهی است که در حوزهٔ تجربی باید میان ناظر و محتوای مشاهده فرق روشنی قایل شد. امّا این را هم باید به‌خاطر داشته باشیم که کشف کوانتوم کنش حتّی به اساس تشریح طبیعت وضوح بیشتری داد و شرایط اوّلیّهٔ تاکنون شناخته‌نشده‌ای بر استفادهٔ منطقی از مفاهیمی را بر ما آشکار کرد که مبادلهٔ اطّلاعات درمورد تجارب ما بر آن‌ها استوار است. همچنان‌که دیدیم، در فیزیک کوانتومی لازم است در تعریف پدیده‌ها به تشریح طرز کار دستگاه‌های اندازه‌گیری توجّه کنیم و یا به‌عبارتی، میان ذهن و عین فرق قایل شویم، به‌طوری‌که این فرق، در هرمورد، استفادهٔ روشن از مفاهیم فیزیکی اوّلیّه را، که به‌کار تشریح می‌آید، معیّن می‌کند. مفهوم مکمّلی – به‌دور از هرگونه استمداد از باطن، که خود بیگانه با روح علم است – به شرایط منطقی برای تشریح و جمع تجارب در فیزیک اتمی اشاره می‌کند.

درس معرفت‌شناختی‌ای که فیزیک اتمی به ما آموخت، درست مانند پیشرفت‌هایی که پیش‌ازاین در فیزیک صورت گرفته بود، ما را طبیعتاً به این کار کشاند تا استفاده از ابزارهای بیان را، به هنگام تشریح عینی در دیگر حوزه‌های شناخت، مجدّداً بررسی کنیم. به‌ویژه، همین‌که به‌اهمّیّت مسئلهٔ مشاهده پی بردیم، ازیک‌طرف سؤالاتی دربارهٔ جایگاهی که موجودات زنده در تشریح طبیعت دارند، و ازطرف‌دیگر، سؤالاتی دربارهٔ موقعیّت ما چون موجود متفکّر و موجود فعّال مطرح شد. گرچه از برخی لحاظ در چارچوب فیزیک کلاسیک می‌توان موجودات زنده را با ماشین مقایسه کرد، روشن است که چنین مقایسه‌هایی به ویژگی‌های حیات چندان توجّه ندارد. دشواری‌هایی که در مسئلهٔ فرق اوّلیّهٔ روح از جسم

وجود دارد، با وضوح هرچه تمام‌تر نشان می‌دهد که تصوّر مکانیکی از طبیعت تاچه‌حدّ در تشریح موقعیّت انسان نارساست.

مسائلی که ما در اینجا با آن‌ها رودررو هستیم، به این واقعیّت آشکارا مرتبط است که تشریح بسیاری از وجوه هستی بشر، به مجموعهٔ واژگانی‌ای نیاز دارد که بر تصوّرات فیزیکی ساده مستقیماً استوار نیست. امّا، اکنون که قابلیّت کاربردی محدود این تصوّرات را در پدیده‌های اتمی پذیرفته‌ایم، می‌توانیم گمان کنیم که تا چه‌حدّ می‌تواند پدیده‌های حیاتی و روان‌شناختی جایی برای خود در چارچوب تشریح عینی بیابد. چنان‌که پیش‌تر نیز اشاره کردیم، در اینجا هم صحبت از این است که در هر مورد باید به تفکیک ناظر از محتوای خبر توجّه داشت. درحالی‌که در تصوّر مکانیکی از طبیعت، فرق میان عین و ذهن مشخّص است، تعیین محلّ خطّ فاصل میان پدیده‌ها، که به شرایط استفادهٔ درست از ابزارهای بیان مرتبط است، می‌تواند امکان تشریح وسیع‌تر آن‌ها را بدهد.

بی‌آنکه بخواهیم تعریفی کامل از حیات آلی به‌دست دهیم، می‌گوییم که مشخّصه‌های ارگانیسم زنده استقلال آن و توانایی‌اش به سازگاری است؛ امری که موجب می‌شود تا ما ناگزیر در تشریح وظایف درونی ارگانیسم و واکنش‌هایش دربرابر عوامل خارجی، غالباً از واژهٔ غایت — که جایی در فیزیک و شیمی ندارد — استفاده کنیم. گرچه نتایج فیزیک اتمی کاربردهای زیادی در زیست‌فیزیک و زیست‌شیمی پیدا کرده، پدیده‌های کوانتومی منفرد بسته هیچ نشانه‌ای از خود بروز نمی‌دهد که به‌مفهوم حیات نزدیک باشد. همچنان‌که دیدیم، تشریح پدیده‌های اتمی، که حوزهٔ تجربی وسیعی را دربر می‌گیرد، بر آزادی در انتخاب ابزارهای اندازه‌گیری متّکی است که برای استفاده از مفاهیم اولّیه ضروری است. در ارگانیسم زنده، به‌عکس، فرق میان ابزارهای اندازه‌گیری و اشیای مورد مطالعه عملاً غیرممکن است. درست به‌همین‌دلیل باید تصوّر کرد که آرایش‌های تجربی، که قصد داشته باشد تشریح مشخّص طرز کار ارگانیسم را به‌دست دهد، به معنایی که از تشریح در فیزیک اتمی فهمیده می‌شود، ممکن است با بروز حیات در ارگانیسم ناسازگار باشد.

در تحقیقات زیست‌شناختی، از خصلت کلّیّت ارگانیسم‌های زنده، و واکنش‌های هدفمند آن‌ها، درکنار اخبار دقیق‌تر دربارهٔ ساختمان و فرایندهای تنظیم در آن‌ها، باهم استفاده می‌شود. از این تحقیقات، چنانچه می‌دانیم، پیشرفت‌های مهمّی به‌خصوص در پزشکی حاصل شده است. در اینجا مسئلهٔ اتّخاذ موضع عملی دربارهٔ موردی مطرح است که ابزارهای بیان به‌کار گرفته شده برای تشریح جنبه‌های مختلف آن، به شرایط متناقض مشاهده رجوع می‌کند. باتوجّه‌به این نکته، باید پذیرفت که تصوّرات ماشین‌گرای و غایت‌گرای دو دیدگاه متضادّ نیست، بلکه نشان‌دهندهٔ رابطهٔ مکمّلی است که به واقعیّت ما

چون ناظر طبیعت مربوط می‌شود. برای آنکه از بروز هر سوءتعبیری جلوگیری کنیم، خاطرنشان می‌کنیم تشریح حیات آلی و داوری دربارهٔ امکانات تکاملی آن، برخلاف تشریح قانون‌مندی‌های اتمی، نمی‌تواند کامل باشد، بلکه تنها می‌توان این منظور را پی گرفت که چارچوب مفاهیم، وسعتی مناسب بیابد.

در تشریح تجارب ذهنی، با شرایط مشاهده و ابزارهای بیان مناسب با آن مواجه‌ایم. برای هیچ‌یک از این دو در مجموعهٔ اصطلاحات معمول در فیزیک جایی وجود ندارد. صرف‌نظر از اینکه تا چه‌حدّ درست و ضروری است تا در تشریح رفتار حیوانات واژه‌هایی مانند غریزه و عقل را به‌کار گیریم، در تشریح رابطه میان انسان‌ها ناگزیریم واژهٔ شعور را نه‌تنها دربارهٔ خود، بلکه دربارهٔ دیگران هم به‌کار گیریم. درحالی‌که مجموعهٔ واژگانی که به‌درستی راهگشای ما در دنیای اطراف باشد، می‌تواند براساس تصوّرات فیزیکی ساده و فکر علّیّت باشد، در تشریح حالات ذهنی خود نیاز به شیوهٔ تشریح مکمّلی به‌معنای اخصّ داریم. روشن است که واژه‌هایی چون فکر و احساس به زنجیره‌ای کاملاً پیوسته مربوط نمی‌شود، بلکه به تجاربی مغایر با یکدیگر مربوط است که خود مشروط به تفاوت‌های مشخّصی است که میان محتوای آگاه و زمینهٔ ذهنی وجود دارد؛ زمینه‌ای که ما آن را مختصراً خود می‌نامیم.

رابطهٔ میان تعلّق اراده و ارزیابی آگاه انگیزهٔ رفتار خصوصاً بسیار آموزنده است. ضرورت استفاده از چنین ابزارهای متضادّی در تشریح غنای زندگی آگاه، به‌بهترین وجهی یادآور شیوه‌ای است که می‌خواهد مفاهیم فیزیکی اوّلیّه را در فیزیک اتمی به‌کار گیرد. امّا در چنین مقایسه‌ای باید توجّه داشت که تجارب ذهنی را نمی‌توان اندازه‌گیری فیزیکی کرد، و مفهوم اراده — که نمی‌توان آن را تعمیمی از تشریح علّت‌گرای دانست — خود از آغاز به امکانات زندگی بشری می‌نگرد. بی‌آنکه بخواهیم بیشتر به بحث فلسفی قدیمی دربارهٔ آزادی اراده بپردازیم، می‌خواهم فقط این نکته را یادآوری کنم که استفاده از واژهٔ اراده در تشریح عینی هستی ما، درست با استفاده از واژه‌هایی چون امید و مسئولیت، که انسان‌ها آن‌ها را در مراودات خود به‌کار می‌گیرند، مطابقت دارد.

در اینجا به مسائلی رسیدیم که به جوامع بشری مربوط می‌شود که در آن‌ها، کثرت ابزارهای بیان، ریشه در عدم امکانی دارد تا با خطّ فاصل مشخّصی، اهمیّت فرد در جامعه را معیّن کنیم. این واقعیّت که فرهنگ‌های بشری، که در شرایط حیاتی مختلف رشد کرده، در سنّت‌ها و ساختار اجتماعی با یکدیگر مغایرت دارند، به ما امکان می‌دهد تا چنین فرهنگ‌هایی را مکمّل یکدیگر بدانیم. امّا در اینجا به‌هیچ‌وجه با خصلت‌های کاملاً متناقض — آن‌چنان‌که در تشریح عینی مسائل کلّی فیزیک و روانشناسی به آن‌ها بر می‌خوریم — سروکار نداریم، بلکه با نگرش‌های مختلفی روبرو هستیم که تماس نزدیک

ملّت‌ها با یکدیگر می‌تواند آن‌ها را به یکدیگر بهتر بشناساند و یا موجب اصلاح آن‌ها شود. در زمان ما، که پیشرفت دانش و فن، سرنوشت این ملّت‌ها را بیش‌ازپیش به یکدیگر گره زده ا ست، همکاری‌های علمی بین‌المللی، وظایف سنگینی را بر عهده دارد که انجام آن‌ها دســت‌کم وقتی می‌تواند ممکن شــود که همواره به شــرایط کلّی شـناخت بشـری، آگاهی روشن داشته باشیم.

فیزیک و مسئلهٔ حیات

مقالهٔ تکمیل‌شده در سال ۱۹۵۷، که در فوریهٔ ۱۹۴۹ در «جامعهٔ پزشکی دانمارک» در کپنهاگ ایراد شده است.

دعوت جامعهٔ پزشکان کپنهاگ را برای ایراد سخنرانی با خوشحالی پذیرفتم. سخنرانی من یکی‌از سخنرانی‌هایی است که جامعهٔ پزشکان در بزرگداشت خاطرهٔ دانشمند بزرگ دانمارکی، که آثارش بیش‌ازپیش نه‌فقط در وطن خود، بلکه درجهان علمی تحسین می‌شود، ترتیب داده است. برای موضوع صحبت خود، مسئله‌ای را برگزیدم که فکر بشر را طیّ قرون و اعصار به خود مشغول داشته و *نیلس استنسن* هم به آن بسیار علاقه‌مند بوده است. مسئله این است که تاچه‌حدّ معلومات فیزیکی ما می‌تواند در توضیح حیات آلی، در تمامی مظاهر پیچیده و متعدّدش، به ما کمک کند؟ در اینجا می‌کوشم نشان دهم پیشرفت‌های فیزیک طیّ دهه‌های اخیر، بنیان جدیدی بر توضیح این مسئله ارائه داده است. کشف جهان اتم، که زمانی بسیار طولانی به آن دسترسی نداشتیم، ما را به موقعیّت خود در طبیعت — که ما خود بخشی از آنیم — چون ناظر، آگاه ساخت.

در مکاتب فلسفی یونان باستان، به عقاید مختلفی برمی‌خوریم که می‌تواند به‌بهترین وجهی تفاوت‌های آشکار میان ارگانیسم‌های زنده و دیگر اجسام مادّی را تشریح کند. چنان‌که می‌دانیم، اتم‌گرایان محدودیّت تقسیم‌پذیری مادّه را، نه‌تنها برای توضیح پدیده‌های فیزیکی ساده، بلکه برای تشریح وظایف ارگانیسم‌ها و تجارب روانی مرتبط به آن‌ها لازم می‌دانستند. ارسطو که در مقابل، تصوّرات اتم‌گرای را باطل می‌دانست، با تصوّر اینکه ارگانیسم‌های زنده خود یک کلّیّت را تشکیل می‌دهند، بر لزوم واردکردن مفاهیمی چون کمال و غایت درتشریح طبیعت تأکید داشت.

درطول قریب به دوهزار سال، این وضع تغییر محسوسی نکرد. تنها در عصر نوزایی بود که کشفیّات مهمّ در فیزیک و زیست‌شناسی، این وضع را تکان داد. گام مهمّ در فیزیک، اعراض از نظریّهٔ ارسطو درمورد نیرو چون عامل هر حرکتی بود. *گالیله* با قبول اینکه حرکت یکنواخت بیان لختی، و نیرو علّت تغییر حرکت است، اصولی را در مکانیک بنیان نهاد که بعدها نیوتون به آن شکلی آن‌چنان محکم و منطقی داد که مورد تحسین بسیاری از نسل‌های بعد از خود قرار گرفت. مفهوم غایت در این مکانیک کلاسیک منتفی است، زیرا در اینجا جریان تکاملی پدیده‌ها نتیجهٔ به‌خودی‌خود شرایط اوّلیّه است.

پیشرفت در دانش مکانیک نمی‌توانست عمیق‌ترین تأثیر را بر تمامی علوم این زمان نگذاشته باشد. مطالعات *وسال* در کالبدشناسی و کشف *هاروی* از گردش خون به‌خصوص مسئلهٔ مقایسهٔ ارگانیسم‌های زنده با ماشین‌ها را — که طرز کارشان براساس قوانین مکانیک است — مطرح کرد. در میان فلاسفه، *دکارت* به‌ویژه مسئلهٔ مشابهت میان حیوانات و دستگاه‌های خودکار را تأکید کرد. درمورد انسان، *دکارت* به او روحی نسبت می‌داد که در غدّهٔ مشخّصی در مغز قرار دارد و با بدن درحال برهم‌کنش است. *نیلس استنو* در همین زمان در همایش مشهور خود در پاریس دربارهٔ کالبدشناسی مغز، ناقص بودن شناختی را که در این عصر از چنین پدیده‌هایی داشتیم، نمایاند، که خود نشان‌دهندهٔ فکر باز و قدرت مشاهدهٔ قوی است که از ویژگی‌های بارز کلّیهٔ کارهای علمی *استنو* محسوب می‌شود.

پیشرفت‌های بعدی زیست‌شناسی، ظرافت ویژهٔ ساختمان آلی و سازوکارهای تنظیم را آشکار کرد. در زمانی که تصوّرات ماشین‌گرای حوزهٔ کاربردی بیش‌ازپیش وسیع‌تری پیدا می‌کرد، دیدگاه‌های حیات‌گرا و غایت‌گرا، که ملهم از قدرت اعجاب‌برانگیز ارگانیسم‌ها در بازسازی و سازگاری بود، دوباره برسر زبان‌ها افتاد. این افکار بی‌آنکه دوباره به تصوّرات اوّلیه‌ای بازگردد که نیروی حیاتی را حاکم بر ارگانیسم‌ها می‌دانست، عدم‌کفایت روش‌های تحقیق فیزیکی در تشریح حیات را خاطرنشان می‌کرد. برای اینکه اوضاع‌واحوال سال‌های اوّل این قرن را نشان دهم، مایلم متن زیر را که پدرم *کریستین بور* فیزیولوژی‌دان نوشته است، ذکر کنم. او در مقدّمهٔ مقالهٔ خود دربارهٔ «اتّساع مرضی ریه»، که در سال ۱۹۱۰ در کتاب سال دانشگاه کپنهاگ منتشر شده، می‌نویسد:

«وظیفهٔ اصلی فیزیولوژی، تا حدّی که آن را رشتهٔ خاصّی از علوم طبیعی می‌دانیم، مطالعهٔ پدیده‌هایی است که مخصوص ارگانیسم زنده است که موضوع تجربه است، و دست‌یافتن به درک این مطلب است که چگونه اجزای متعدّد ارگانیسم به تنظیم خودبه‌خود کمک می‌کند، با یکدیگر هماهنگ می‌شود، و در جمع خود را با تغییرات عوامل خارجی و تأثیرات درونی سازگار می‌کند. نتیجتاً آنچه در ماهیّت این وظیفه است این است که ارگانیسم را غایت، و فرایندهای تنظیم را در خدمت بقاءِ آن بدانیم. به این مفهوم است که من واژهٔ غایت‌گرایی را درمورد وظایف حیاتی به‌کار می‌برم. امّا برای اینکه در هر مورد خاصّ، کاربرد این مفهوم نه بی‌معنی باشد، نه گمراه‌کننده، لازم است که بررسی تجربی همه‌جانبهٔ پدیده‌های حیاتی انجام شود. این بررسی باید به‌قدری دقیق باشد تا در هر گام بتوانیم به‌روشنی ببینیم که چگونه این پدیده‌ها به بقای ارگانیسم کمک می‌کند. این شرط به‌خودی‌خود برقرار است، زیرا چیزی جز این دلیل علمی را ایجاب نمی‌کند که واژهٔ غایت دراین مورد به‌خصوص، در انطباق با تعریفش به‌کار گرفته شده، هرچند تأکید بر آن بی‌مورد نباشد. تحقیقات فیزیولوژیکی در طول زمان، مکانیسم‌های تنظیمی ناشناختهٔ آن‌چنان متنوّعی را بر ما آشکار ساخته، که به‌سهولت راغبیم هریک از مظاهر حیات را، بی‌آنکه از راه تجربه، تأثیر دقیق آن را معیّن کرده باشیم، غایت‌گرا بدانیم. این کار به آنجا می‌انجامد که با تکیه بر مشابهت‌های مبهمی که در کثرت وظایف حیاتی دیده می‌شود، به تفسیر سازوکار فرایند حیاتی بر اساس برآورد ذهنی از نوع ویژهٔ مبتنی بر غایت دست بزنیم.

امّا روشن است که به‌دلیل شناخت بسیار محدود ما از ارگانیسم، چنین برآوردهای مشخّصی می‌تواند در بسیاری از موارد نادرست باشد، آن‌طورکه نمونه‌های آن نیز بسیار فراوان است. در چنین مواردی است که به‌دلیل تحلیل تجربی ناقص از جزئیّات فرایند فیزیولوژیکی، چنین روشی نتایج نادرست به بار می‌آورد. غایت‌گرایی فرایند ارگانیکی را *فرضی پیشین* دانستن، چون اصلی اکتشافی، کاملاً طبیعی است؛ و ازآنجایی‌که روابط موجود در ارگانیسم بسیار پیچیده و نتیجتاً فهم آن‌ها بسیار مشکل است، این فرض می‌تواند سودمند باشد و حتّی در یافتن راه‌حلّ مسئلهٔ خاصّی ضروری باشد. امّا باید میان آنچه می‌تواند در تحقیقات مقدّماتی مفید باشد، با آنچه حق داریم به آن چون نتیجه‌ای نهایی بنگریم، به‌روشنی فرق نهاد. درموردی که مسئلهٔ سازگاری وظیفهٔ معیّنی درجهت کمک به بقای تمامی ارگانیسم مطرح است، چنان‌که پیشتر گفتیم، نمی‌توان به نتیجه‌ای رسید، مگر آنکه گام‌به‌گام نشان دهیم که این هدف از چه راهی محقّق می‌شود.»

این متن را، که بیانگر نظر جمعی است که در آن بزرگ شده‌ام و مباحثش را در جوانی دنبال کرده‌ام، به‌این‌دلیل نقل کردم که می‌تواند نقطهٔ شروع مناسبی در تحقیقات ما دربارهٔ ارگانیسم‌های زنده در تشریح طبیعت باشد. در اینجا سعی می‌کنم نشان دهم که گسترش اخیر فیزیک اتمی نه فقط به وسعت‌دادن شناخت ما دربارهٔ اتم و ساختمان آن، که خود متشکّل از اجزای بنیادی‌تری است، کمک کرده، بلکه درعین‌حال محدودیّتی اساسی را نیز آشکار می‌کند که تصوّر ماشین‌گرای از طبیعت می‌نامیم. این گسترش نتیجتاً زمینهٔ ذهنی جدیدی بر این سؤال، که در موضوع صحبت ما اهمیّتی قطعی دارد، فراهم آورد. این سؤال چنین است: از توضیح علمی چه می‌فهمیم و از آن چه انتظاری داریم؟

برای آنکه تاحدّممکن به‌روشنی نشان دهیم که فیزیک درحال حاضر در چه وضعی است، به یادآوری دیدگاهی افراطی‌ای می‌پردازیم که ملهم از جریان پیروزمند مکانیک کلاسیک، بیان خود را در تصوّر مشهور *لاپلاسی* از ماشین جهانی می‌یافت. مفهوم اساسی چنین تصوّری این بود که تمامی برهم‌کنش میان اجزای مختلف این ماشین، از قوانین مکانیک اطاعت می‌کند، به‌طوری‌که اگر فکری در لحظهٔ مشخّصی موقعیّت و سرعت مربوط به اجزای آن را بداند، باید بتواند هر رویدادی را در جهان، ازجمله رفتار حیوانات و انسان‌ها را، پیش‌بینی کند. خواهیم دید که چنین تصوّری از جهان، اگرچه به‌وضوح اهمیّت زیادی در بحث‌های فلسفی دارد، به شرایط اوّلیّه توجّه کافی نکرده است؛ شرایطی که امکان می‌دهد تا مفاهیم لازم جهت ابلاغ نتایج تجربی به دیگران را به‌روشنی به‌کار گیریم.

درست در همین زمینه است که تکامل بعدی فیزیک، درس پرارزشی ارائه داد. توضیح مفصّل پدیده‌های حرارتی به‌کمک فکری مبتنی بر حرکت بی‌وقفهٔ مولکول‌ها درگازها، مایعات و اجسام صلب، خود مقدّمتاً توجّه دانشمندان را به اهمّیّت شرایط مشاهده در تشریح تجارب به خود کشانده بود. مسلّماً صحبت از تشریح حرکت هریک از ذرّات که عملاً شمارش‌ناپذیر است، نمی‌توانست در اینجا مطرح باشد، آنچه ممکن است، استنتاج قوانین

آماری اعمال‌شدنی به حرکت حرارتی از اصول کلّی مکانیک بود. تعارض خاصّ میان برگشت‌پذیری فرایندهای مکانیکی ساده و برگشت‌ناپذیری اساسی بسیاری از پدیده‌های ترمودینامیکی، توضیح خود را در این واقعیّت یافت که مفاهیمی چون دما و آنتروپی در شرایط تجربی‌ای اعمال‌شدنی است که با مهار کامل حرکت تک‌تک مولکول‌ها ناسازگار است.

چنان‌که می‌دانیم، بقاء و رشد ارگانیسم‌های زنده را غالباً در تضادّ با نظری دانسته‌اند که از قوانین ترمودینامیک نتیجه می‌شود. براساس این نظر، در درون نظام‌های فیزیکی منفرد، تعادل حرارتی و تعادل انرژی به‌وجود خواهد آمد. امّا باید به‌خاطر داشت که باوجود توضیح بالا، ارگانیسم‌ها دایماً انرژی آزاد را از راه تغذیه و تنفّس دریافت می‌کنند. درهمین زمینه تاکنون تحقیقات فیزیولوژیکی پیشرفته هیچ استثنایی بر اصول نظریّهٔ حرارتی نشان نداده است. برای پاسخ به سؤال ما درمورد جایگاه ارگانیسم‌های زنده در تشریح طبیعت، مسلّماً قبول چنین مشابهت‌هایی میان ارگانیسم‌های زنده و ماشین‌های معمولی کافی نیست. پاسخ به این سؤال نیاز به بررسی عمیق مسئلهٔ مشاهده دارد.

کشف کوانتوم عام کنش، مسئلهٔ مشاهده را به‌شیوه‌ای دور از انتظار در صدر امور قرار داد: کوانتوم کنش به فرایندهای اتمی خصلت یک کلّیّت را می‌دهد؛ خصلتی که تفکیک مشاهدهٔ پدیده‌ها را از رفتار خاصّ اشیا — آن‌چنان‌که در تصوّر مکانیکی طبیعت اعمال می‌شود — غیرممکن می‌کند. اگر در نظام‌های فیزیکی با مقیاس معمول به خود حقّ می‌دهیم پدیده‌ها را چون زنجیره‌ای از وضعیّت‌هایی تشریح‌شدنی از راه کمیّت‌های اندازه‌پذیر بدانیم، این به آن دلیل است که اثرهای اعمال شده همگی به‌حدّی بزرگ است که از برهم‌کنشی که به هنگام مشاهده میان اشیاء و ابزارهای اندازه‌گیری به‌کارگرفته‌شده به‌وجود می‌آید، می‌توان صرف‌نظر کرد. در شرایطی که کوانتوم کنش سهم اصلی دارد و درنتیجه چنین برهم‌کنشی جزء جدانشدنی پدیده است، مسلّماً نمی‌توان به این پدیده سیری مشخّص، به‌مفهومی‌که درمکانیک منظور است، نسبت داد.

ورشکستگی تصوّرات فیزیکی معمول، به‌خصوص در این مشکل به‌بارزترین وجهی آشکار می‌شود که بخواهیم خواصّ اشیای اتمی را، مستقل ازشرایط مشاهده بدانیم. الکترون را می‌توان یک ذرّهٔ باردار تعریف کرد، زیرا اندازدگیری جرم لختی آن همواره نتایج یکسان می‌دهد و هر تغییری در بار الکتریکی میان نظام‌های اتمی، همواره با مبادلهٔ شمار زوجی از بارهای بنیانی مطابقت دارد. امّا، ازطرف دیگر، اثرهای ناشی از تداخل، که به هنگام عبور الکترون‌ها از درون بلورها ظاهر می‌شود، با تصوّر مکانیکی حرکت ذرّات ناسازگار است. درست با همین ویژگی‌ها در معضل قدیمی خود در طیف نور روبه‌رو هستیم، زیرا پدیده‌های

نوری به مفهوم انتشار امواج نیاز دارد، درحالی‌که قوانین انتقال انرژی و تکان در اثرهای فوتواتمی، توضیح خود را در تصوّر مکانیکی ذرّات می‌یابد.

از این اوضاع‌واحوال جدید در فیزیک، لزوم تحلیل مجدّد مفاهیم ابتدایی برخاسته است، که ما را درجهان خارج راهنمایی می‌کند. مسلّم است که حتّی فیزیک اتمی این آزادی را به ما می‌دهد تا به طبیعت از راه تجربه به‌نوعی تشکیک کنیم؛ ولی باید پذیرفت که شرایط تجربی را ـ که همواره می‌توان از راه‌های مختلف تغییر داد ـ فقط به‌کمک اجسامی می‌توان تعیین کرد که آن‌قدر سنگین باشد تا بتوان در تشریح آن‌ها از کوانتوم کنش صرف‌نظر کرد. اطّلاعاتی که درمورد اشیای اتمی می‌توان به‌دست آورد، تنها اثرهایی است که این اشیاء بر روی ابزارهای اندازه‌گیری ـ مثلاً الکترون بر روی صفحهٔ عکّاسی ـ به‌جا می‌گذارد که در داخل دستگاه آزمایش است. درست همین واقعیّت، که چنین اثرهایی همواره از اثرهای تشدید و تقویت برگشت‌ناپذیر برخاسته است، به پدیده‌ها خصلت فردی خاصّی می‌دهد که خود مستقیماً برگشت‌ناپذیری اصولی مفهوم مشاهده را خاطرنشان می‌کند.

اوضاع‌واحوال خاصّ مکانیک کوانتومی به‌خصوص به این امر مربوط می‌شود که اطّلاعات به‌دست‌آمده درمورد اشیای اتمی را نمی‌توان براساس دستورالعمل‌هایی با یکدیگر جمع کرد، که بر تصوّر مکانیکی طبیعت استوار باشد، بلکه جمع آن‌ها تنها وقتی ممکن است که شرایط تجربی در خود تشریح وارد شود. این واقعیّت که فقط با یک آرایش تجربی می‌توان عموماً مشاهداتی انجام داد که به فرایندهای کوانتومی فردی مختلف مربوط است، خود درست به‌معنی محدودیّت اصولی شیوهٔ تشریح علّت‌گرای است. به‌علاوه، فرض تقسیم‌پذیری نامحدود ـ که شیوهٔ تشریح فیزیک کلاسیک بر آن استوار است ـ با خصلت کلّیّت پدیده‌های خاص کوانتومی ناسازگار است؛ کلّیّتی که در این واقعیّت بیان می‌شود که هر تقسیم به جزء، تغییری در آرایش تجربی ایجاب می‌کند که خود باعث بروز اثرهای منفرد جدیدی خواهد شد.

به‌منظور مشخّص‌کردن رابطهٔ میان پدیده‌های مورد مشاهده در ذیل شرایط تجربی مختلف، اصطلاح مکمّل بودن را وضع کردیم. باید یادآوری کنیم که چنین پدیده‌هایی درمجموع تمامی اطّلاعات معیّنی را ارائه می‌دهد که می‌توان درمورد اشیای اتمی به‌دست آورد. دیدگاه مکمّلی، بی‌آنکه بخواهد از توضیح فیزیکی معمول خودسرانه دست بکشد، نتیجهٔ مستقیمی است که از موقعیّت ما چون ناظر در حوزهٔ تجربی به‌دست می‌آید، و در آن کاربرد بی‌ابهام مفاهیمی که به‌کار تشریح پدیده‌ها می‌آید، اساساً به شرایط مشاهده بستگی دارد. به‌منظور بسط ریاضی مجموعهٔ مفاهیم فیزیک کلاسیک، موفّق شدیم فرمالیسمی را گسترش دهیم

که کوانتوم کنش با آن هماهنگ باشد. هدف این مکانیک کوانتومی صورت‌بندی قوانین آماری‌ای است که از نتایج تجربی حاصله در شرایط کاملاً مشخّص مشاهده به‌دست آمده باشد. این شیوهٔ تشریح اصولاً جامع است، زیرا تصوّرات مکانیکی کلاسیک را تاحدّی حفظ کرده است که تمامی تغییرات مشخّص شرایط تجربی را دربر می‌گیرد.

خصلت مکمّلی تشریح پدیده‌ها از راه مکانیک کوانتومی، به‌روشنی درتصوّر ما از ساختمان و واکنش‌های نظام‌های اتمی پدیدار می‌شود. مثلاً قوانین مربوط به حالات انرژی اتم‌ها و مولکول‌ها، که مشخّص‌کنندهٔ طیف ویژهٔ عناصر و رابطهٔ ظرفیّت در ترکیب‌های شیمیایی است، فقط درشرایطی وارد عمل می‌شود که در آن‌ها امکان مهار موقعیّت الکترون‌ها دراتم و یا مولکول منتفی است. دراین زمینه شایان ذکر است که کاربرد ثمربخش فرمول‌های ترکیبی در شیمی، منحصراً براین واقعیّت استوار است که هستهٔ اتمی بسیار سنگین‌تر از الکترون است. برای توضیح تبدیلات و پایداری هسته‌ای، این‌بار هم، قوانین مکانیک کوانتومی قطعاً وارد عمل می‌شود. این قوانین اصولی تعیین‌کنندهٔ خواصّ مادّه است؛ مادّه‌ای که ابزارها و اجسام ما متشکّل از آن است، و جای خود را نتیجتاً درتشریح مکمّلی‌ای می‌یابد که درچارچوب تصوّر مکانیکی طبیعت نمی‌گنجد.

چنان‌که می‌دانیم، پیشرفت‌های فیزیک اتمی موارد استفادهٔ وسیعی در زیست‌شناسی پیدا کرده است. این پیشرفت‌ها به‌خصوص به ما امکان داد تا پایداری ترکیب‌های شیمیایی دردرون سلّول را – که خصوصیّات ارثی تیره‌ها مربوط به آن‌هاست – بفهمیم و قوانین آماری‌ای را روشن کنیم که پیدایی جهش در ارگانیسم‌ها را ، وقتی ارگانیسم‌ها تحت تأثیر عوامل فیزیکی قرار می‌گیرند، توجیه می‌کند. همچنین اثرهای تشدیدی، اثرهایی مشابه باآنچه مشاهدهٔ ذرّات اتمی منفرد را ممکن می‌کند، در بسیاری از وظایف ارگانیسم سهم مهمّی دارد. همهٔ اینها، خصلت برگشت‌ناپذیری پدیده‌های حیاتی خاص را نشان می‌دهد. دربارهٔ مفهومی که به جهت زمان باید داد، تا بتوان پدیده‌های حیاتی را تشریح کرد، باید گفت که از اثرهای به‌جای‌مانده در ارگانیسم به دلیل تأثیر عوامل خارجی برروی اعضای حسی، هنگامی‌که این اعضاء دربرابر تحریکات بعدی واکنش نشان می‌دهد، استفاده می‌شود.

در تمامی این پیشرفت نویدبخش، مسئلهٔ تعمیم تقریباً نامحدود تجارب فیزیکی و شیمیایی محض، به مسائل زیستی مطرح است. امّا ازآنجاکه مکانیک کوانتومی چیزی جز تعمیم منطقی فیزیک کلاسیک نیست، این شیوهٔ تحقیق را می‌توان ماشین‌گرای دانست. امّا در اینجا این مسئله مطرح می‌شود که چنین پیشرفت‌هایی تاچه‌حدّ استفادهٔ دلایل غایت‌گرا را در زیست‌شناسی بی‌اساس کرده است. فراموش نباید کرد که پدیده‌های کوانتومی، که

تشریح و جمعشان یک کلّ بی‌تناقض تشکیل می‌دهد، هیچ خصلتی بروز نمی‌دهد که بنابرآن، مجموعه‌ای از اتم‌ها بتواند به‌شیوه‌ای خود را – آن‌چنان‌که در رشد و بقای ارگانیسم‌ها می‌بینیم – با محیط سازگار کند. همچنین لازم به یادآوری است تشریح کامل وضع تمامی اتم‌های موجود و دایماً درحال تعویض در ارگانیسم، به مفهومی که در مکانیک کوانتومی منظور است، نه‌فقط عملاً تحقّق‌پذیر نیست، بلکه حتّی به‌وضوح به شرایط تجربی‌ای نیازمند است که خود با حیات ناسازگار است.

آنچه دربارهٔ اهمیّت ابزارهای مشاهده، در تعریف مفاهیم اوّلیّه فیزیکی آموختیم، راه‌حلّی به‌دست می‌دهد تا مفهوم غایت را – هرچند جایی در فیزیک ندارد، امّا مستقیماً در پدیده‌های حیاتی کاربرد دارد – منطقاً به‌کار گیریم. باتوجّه به چنین زمینه‌ای، دیدگاه‌های مکانیستی و غایت‌گرا در زیست‌شناسی، دیگر تصوّرات متضادّ با یکدیگر به‌نظر نمی‌رسد، بلکه به این معنی است که دو نوع شرایط مشاهده وجود دارد که درعین تباین، در کوشش خود در راه یافتن شیوهٔ تشریحی بیش‌ازپیش جامع‌تر حیات آلی، به آن‌ها نیاز داریم. بدیهی است که در اینجا صحبت از این نیست که توضیحی از حیات، به معنایی که در فیزیک کلاسیک از طرز کار ماشین‌های ساده و یا ماشین‌های محاسبهٔ الکترونیکی پیچیده منظور است، به‌دست دهیم، بلکه مسئله این است که تحلیل شرایط و شعاع عمل ابزارهای فکری را، که مشخّصهٔ گسترش اخیر فیزیک است، هرچه بیشتر دنبال کنیم.

اختلاف شرایط مشاهده در زیست‌شناسی و فیزیک، هرچه باشد، هیچ‌یک از این‌دو، نه زیست‌شناسی در ارائه نتایج به‌دست آمده و نه فیزیک در تشریح تجارب، اشاره‌ای به ناظر ذهنی نمی‌کند. به‌همین دلیل است که تاکنون درمورد شرایط مشاهده در روان‌شناسی، که در تشریح پدیده‌های روانی وارد عمل می‌شود، مفصّلاً بحث نکردیم. امّا ازآنجاکه تجربهٔ آگاه در حافظه باقی می‌ماند، و درنتیجه باید بپذیریم که این امر مربوط به تغییرات دایم در ساختار ارگانیسم است، طبیعی است که به فکر مقایسهٔ تجارب روانی با مشاهدات فیزیکی هم بیفتیم؛ درهمین‌مورد است که در روابط متقابل موجود میان تجارب آگاه، به خصلت‌هایی بر می‌خوریم که یادآور شرایط لازم بر جمع تجارب در فیزیک اتمی است. مثلاً گنجینهٔ واژگانی غنی‌ای که در اختیار داریم تا دیگران را از وضعیّت فکری خود مطّلع کنیم، خود نشانی است از نوعی شیوهٔ تشریح خاص مکمّلی که با تغییر دایم موضوع مورد توجّه ما مطابقت دارد.

به‌منظور بیان خصلت کلّیّت پدیده‌های اتمی، لازم شد شیوهٔ تشریح مکانیکی را گسترش دهیم، درحالی‌که تمامیّت ارگانیسم و یکپارچگی شخصیّت آن، تعمیم به‌مراتب وسیع‌تر حوزهٔ اعمال بی‌تناقض وسایل اطّلاع کلامی را به ما تحمیل می‌کند. درهمین مورد لازم

به یادآوری است که تمییز میان عامل معرفت از عین معلوم، که لازمهٔ هر تشریح روشن است، از این راه حفظ می‌شود که ما در دادن هر اطّلاعی دربارهٔ خود، عامل معرفت جدیدی را وارد کار می‌کنیم، که به‌ظاهر بخشی از محتوای اطّلاع نیست. در اینجا لازم به یادآوری نیست که همین آزادی انتخاب در تفکیک عامل معرفت از عین معلوم است که به تنوّع پدیدهٔ آگاهی و غنای امکانات بشری میدان عمل می‌دهد.
نظر ما به مسائل معرفت‌شناختی، که گسترش کنونی فیزیک ما را به آن کشانده است، در برخی نکات ا سا سی با نحوهٔ برخورد زمان/ *ستنو* با همین م سائل، تفاوت دارد. این نه به این معنی اســـت که ما از راهی که او با اطمینان دنبال کرده، تا دانش ما را غنی‌تر کند، د ست کشیده‌ایم، بلکه به معنی پذیرفتن این نکته ا ست که کو شش‌های ما در راه برپایی هماهنگی و زیبایی – که آثار *نیلس استـــنسـن* مشـــحون از آن اســـت، ایجاب می‌کند تا شرایط اساسی و میدان عمل وسایل اطّلاعاتی خود را همواره ازنو بررسی کنیم.

فهرست مطالب جلد اوّل به زبان آلمانی

Inhaltsverzeichnis

Einleitung

Vortrag bei der Eröffnungssitzung des II. Internationalen Kongresses für Lichttherapie, Kopenhagen, August 1932. Nature 131, 421 und 457, 1933. Die Naturwiss. 21, 245, 1933.

Vortrag auf dem Internationalen Kongress für Physik und Biologie um Gedächtnis von Luigi Galvani, Bologna, Oktober 1937 Kongress Berichte, Bologna 1938.

Ansprache beim Internationalen Kongress für Anthropologie und Ethnologie, Kopenhagen 1938, gehalten anlässlich eines Kongressausfluges nach Schloss Kronborg, Helsingor. Nature 143, 268, 19.39.

Beitrag zu "Albert Einstein als Philosoph und Naturforscher". 7. Band der "library of Living Philosophers", herausg von P. A., Sclipp, Evanston 1949. Deutsche Ausgabe im Verlag W. Kohlhammer, Stuttgart 1955

Beitrag zum Symposium über „The Unity of Knowledge" in Verbindung mit dem 200jährigen Jubiläum der Columbia Universität, York, Oktober 1954. In „The Unity of Knowledge", herausgegeben von L ewis Leary.Doubleday and Co., New ' York 1955.

Vortrag auf einer Sitzung Dänischen Akademie der Wissenschaften, Kopenhagen, Oktober 1955. Akademie-Übersicht für 1955/56, S. 112.

Die Physik und das Problem des Lebens,

1957 vorgenommene Ausarbeitung einer Vorlesung in der Dänischen Medizinischen Gesellschaft, Kopenhagen, Februar 1949